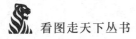

U0640548

ZOUJIN SHIJIE

ZHUMING SIYUAN

KANTU ZOUTIANXIA

走进世界著名寺院

以天下之大，穷一人毕生之财力、精力欲遍游之，难矣—秀才不出门，便知天下事。"看图走天下丛书"，带您走近世界奇景胜迹，阅尽天下文明遗产。

本丛书编委会◎编

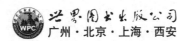

世界图书出版公司
广州·北京·上海·西安

图书在版编目（CIP）数据

走进世界著名寺院/《看图走天下丛书》编委会编．
广州：广东世界图书出版公司，2009.6（2024.2重印）
（看图走天下丛书）
ISBN 978 - 7 - 5100 - 0688 - 3

Ⅰ．走… Ⅱ．看… Ⅲ．寺庙—世界—青少年读物 Ⅳ.
K917 - 49

中国版本图书馆 CIP 数据核字（2009）第 102879 号

书　　名	走进世界著名寺院	
	ZOUJIN SHIJIE ZHUMING SIYUAN	
编　　者	《看图走天下丛书》编委会	
责任编辑	柯绵丽	
装帧设计	三棵树设计工作组	
出版发行	世界图书出版有限公司　世界图书出版广东有限公司	
地　　址	广州市海珠区新港西路大江冲 25 号	
邮　　编	510300	
电　　话	020-84452179	
网　　址	http://www.gdst.com.cn	
邮　　箱	wpc_gdst@163.com	
经　　销	新华书店	
印　　刷	唐山富达印务有限公司	
开　　本	787mm × 1092mm　1/16	
印　　张	13	
字　　数	160 千字	
版　　次	2009 年 6 月第 1 版　2024 年 2 月第 11 次印刷	
国际书号	ISBN　978-7-5100-0688-3	
定　　价	49.80 元	

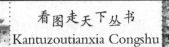

前　言

　　寺院是出家人进行宗教活动的场所，是宗教信徒顶礼膜拜的地方，也是出家僧众修行的所在，后来逐步发展为具有多种综合功能的建筑群。

　　寺院最早起源于佛教的发源地——印度，在印度佛陀时代，最初称寺院为"精舍"，例如设于中印度王舍城的竹林精舍与舍卫城的祇园精舍，便是佛教最早的寺院。由于当时精舍大都建筑在都城郊外幽静的林地，故又称"兰若"，意即寂静之处；又称"伽蓝"，意指僧众所居的园林。

　　有记载的我国最早的佛教寺院是位于河南省洛阳市以东12千米处的千年古刹——白马寺。

　　我国的寺院众多，其中世界知名的有大昭寺、少林寺、悬空寺、卧佛寺、大相国寺、法门寺等。

　　国外的著名寺院也有很多，比如日本的东大寺、京都金阁寺、银阁寺、唐招提寺；韩国的佛国寺、普贤寺；泰国的金佛寺、玉佛寺；斯里兰卡的佛牙寺；印度的贾玛清真寺；柬埔寨的吴哥寺；沙特阿拉伯的麦地那先知寺、麦加大清真寺，等等。

　　从文化上说，这些知名寺院大多历史悠久，有着极丰富的历史文化底蕴，研究价值巨大。从建筑角度上看，这些寺院建筑大多布局紧凑，风格独特，外观宏伟精美，气势庄严。细节上对称中有变化，分散中有联络，空间丰富，层次多变，上下浑然一体，堪称建筑中的精品、奇迹，给世人以极大的启示。而且更为重要的一点是，这些寺院典藏丰富，其中有些佛门经书孤本、皇帝赐匾、名人字画价值连城，十分珍贵。我国大昭寺的释迦牟尼 8 岁等身金像、法门寺的释迦牟尼佛指舍利；日本东大寺的卢舍那大佛、唐招提寺的鉴真大师的坐像、醍醐寺的金堂；韩国海印寺的高丽大藏经；斯里兰卡佛牙寺中的释迦牟尼的佛牙；泰国金佛寺中的如来金身佛像、玉佛寺中的大尊玉佛等都是佛门中的至宝，价值无可估量。

本书选取的是这些知名寺院中具有代表性的一部分，以偏盖全，从不同角度、不同侧面阐述寺院的历史、人文、建筑、传说等。由于时间仓促及编者水平所限，书中难免有不当不妥之处，期盼读者不吝赐教，以便更正。

目　录

白马寺（中国）

　　据史料记载，东汉永平十年（公元 67 年）的某天晚上，汉明帝刘庄做了一个梦，梦见一位神仙，金色的身体有光环绕，轻盈飘荡从远方飞来，降落在御殿前。汉明帝非常高兴。第二天一早上朝，他把自己的梦告诉群臣，并询问是何方神圣。太史博毅博学多才，他告诉汉明帝：听说西方天竺（印度）有位得道的神，号称佛，能够飞身于虚幻之中，全身放射着光芒，君王您梦见的大概是佛吧！于是明帝派使者羽林郎中秦景、博士弟子王遵等 13 人去西域，访求佛道。3 年后，他们同两位印度僧人迦叶摩腾和竺法兰回到洛阳，带回一批经书和佛像，并开始翻译了一部分佛经，相传《四十二章经》就是其中之一。汉明帝命令在首都洛阳建造了中国第一座佛教寺院，以安置德高望重的印度名僧，储藏他们带来的宝贵经像等物品，此寺即今天的洛阳白马寺。据说是因当时驮载经书佛像的白马而得名，而白马寺也因而成为中国佛教的"祖庭"和发源地。

　　白马寺位于河南洛阳城东 10 千米处，离汉魏洛阳故城雍门西 1.5 千米，古称金刚崖寺，号称"中国第一古刹"，是佛教传入中国后第一所官办寺院。

　　白马寺原建筑规模极为雄伟，历代又曾多次重修，但因屡经战乱，数度兴衰，古建筑所剩无几，政府为保存这一著名文化古迹，曾进行过多次修葺。现有五重大殿和 4 个大院以及东西厢房。前为山门，山门是并排三座拱门，代表三解脱门（"空门"、"无相门"、"无作门"），佛教称之为涅槃门。部分门洞券面上刻有工匠姓名，皆为东汉遗物。山门外，一对石狮和一对石马，分立左右，石马为青石圆雕马，身高 1.75米，长 2.20 米，作低头负重状。相传这两匹石雕马原在永庆公主（宋太祖赵匡胤之女）的驸马、右马将军魏咸信的墓前，后由白马寺的住持德结和尚搬迁至此。山门内东西两侧有摄摩腾和竺法兰二僧墓。西侧还有一座《重修西京白马寺记》石碑。这是宋太宗赵光义下令重修白马寺时，由苏易简撰写，淳化三年（992 年）刻碑立于寺内的。碑文分 5节，矩形书写，人称"断文碑"。山门东侧有一座《洛京白马寺祖庭记》石碑，这是元太祖忽必烈两次下诏修建白马寺，由当时白马寺文才和尚撰写，至顺四年（1333 年）著名书法家赵孟頫刻碑立于寺内的，人称"赵碑"。

五重大殿由南向北依次为天王殿、大佛殿、大雄殿、接引殿和毗卢殿。每座大殿都有造像，多为元、明、清时期的作品。天王殿系元代建筑，明清两代均重修，为一座单檐歇山式建筑。殿基高 0.9 米，长20.5 米，宽14.5 米，是明朝由原山门殿改建而成的。整个建筑面阔 5间，进深 3 间，四周绕以回廊。屋顶正脊有"风调雨顺"，后脊有"国泰民安"几个大字。殿内两侧泥塑四大天王像。中央佛龛内是明代塑造的弥勒笑像。在佛教传说中，弥勒菩萨将继承释迦牟尼佛位，成为未来佛。可是白马寺天王殿内这尊笑口常开的弥勒佛，却以另一个民间传说为蓝本：相传五代时，浙江一带有位名叫契此的和尚，他经常用一根锡杖肩背一个布袋来往于热闹的街市，人们叫他布袋和尚。这位和尚逢人乞讨，随地睡觉，形似疯癫。他在临死时，说了这样一个偈语："弥勒真弥勒，分身千百亿。时时示时人，时人自不识。"于是人们就把他当做弥勒的化身，并根据他的形象塑造了一尊佛像，供在寺内的天王殿里。这是印度佛教中国化的一个缩影。弥勒佛殿内两侧，坐着威风凛凛的四大天王，是佛门的守护神。弥勒佛像之后是韦驮天将，佛教的护法神，昂然伫立，显示着佛法的威严。

天王殿后是一座大佛殿，长 22.6 米，宽 16.3 米，殿脊前部有"佛光普照"、后部有"法轮常转"各四个字。殿的中央供奉着 3 尊塑像：中为释迦牟尼佛，左为摩诃迦叶，右为阿难。这 3 尊像构成了"释迦灵山会说法像"。这取材于一个佛教禅宗典故：据说有一次释迦牟尼在灵山法会上面对众弟子，闭口不说一字，只是手拈鲜花，面带微笑。众人十分惘然，只有摩诃迦叶发出了会心的微笑。释迦牟尼见此，就说："我有正眼法藏，涅槃妙心，实相无相，微妙法门，不立文字，教外别传。"这样，摩诃迦叶就成了这"不立文字，教外别传"的禅宗传人，中国佛教禅宗也奉摩诃迦叶为西土第一祖师。白马寺大佛殿的"释迦灵山会说法像"就是根据此传说塑造而成的。三尊旁边，还有手拿经卷的文殊和手持如意的普贤两位菩萨。释迦牟尼佛像背后是观音菩萨像。殿内还有一口引人注目的大钟，高 1.65 米，重 1500 千克，上饰盘龙花纹，刻有"风调雨顺，国泰民安"等字，并附诗一首："钟声响彻梵王宫，下通地府震幽冥。西送金马天边去，急催东方玉兔升。"据传此口钟与当时洛阳城内钟楼上的大钟遥相呼应，每天清晨，寺僧焚香诵经，撞钟报时，洛阳城内的钟声也跟着响起来，因此，白马寺钟声被列为当时洛阳八景之一。

大佛殿之后，是一座悬山式建筑"大雄宝殿"。它长 22.8 米，宽 14.2 米。殿前有一月台，是寺院内最大的殿宇。由歇山顶改为悬山顶，面积有所缩小。殿内贴金雕花的大佛龛内塑的是三世佛：中为婆娑世界的释迦牟尼佛，左为东方净琉璃世界的药师佛，右为西方极乐世界的阿弥陀佛。三尊佛像前，站着韦驮、韦力两位护法天将的塑像，执持法器。两侧排列 18 尊神态各异、眉目俊朗的罗汉塑像。这十八罗汉都是用漆、麻、丝、绸在泥胎上层层裱裹，然后揭出泥胎，制成塑像，这种"脱胎漆"工艺叫夹苎干漆工艺，在国内是独一无二的，乃寺中塑像之精品。背后殿壁上还排列整齐地刻镂着 5000 余尊微型佛像。

白马寺

　　大雄宝殿后有接引殿，为一般寺院所罕见。长 14 米，进深 10.7 米，为双层殿基，是寺内最小建筑。殿内供西方三圣：中为阿弥陀佛立像，左边为持净瓶的观世音菩萨，右边握摩尼宝珠的是大势至菩萨，均为清代泥塑。

　　毗卢阁是白马寺内最后一座佛殿，坐落于清凉台上，系一组庭院式建筑。清凉台原是明帝少时读书乘凉之处，后为摄摩腾、竺法兰译经之所。在寺中位置最高，长 43 米，宽 33 米，高 5 米。正面大殿毗卢殿为重檐歇山楼阁式建筑，长 15.8 米，宽 10.6 米，初建于唐，元、明、清历代都曾重修。阁内正中有一座砖台座，设一木龛，龛内供奉一尊毗卢遮那佛像，左立文殊，右立普贤，这一佛两菩萨，在佛教中合称"华严三圣"。

　　毗卢阁外两侧有两座配殿，即摄摩腾与竺法兰配殿，分置二高僧泥塑像，以示纪念。

白马寺东南有一座齐云塔，为方形密檐式砖塔。塔边长 7.8 米，通高 35 米，13 层。每层南边开一拱门，可以登临眺望。旧与清凉台、腾兰墓、断文碑、夜半钟、焚经台合称"白马寺六景"。千百年来，民间流传两句谚语："洛阳有座齐云塔，离天只有一丈八。"原是五代后唐李存惠修造的九级木结构佛塔。

白马寺南还有两座夯筑高土台，台上立着一块"东汉释道焚经台"字样的通碑，这就是"六景"之一的焚经台。这个焚经台记述了佛教徒与中国方士之间的一场角逐，以佛教取胜而告终，汉朝佛教由此兴盛。

1961 年国务院将白马寺定为第一批全国重点文物保护单位，1977 年又成立了白马寺文物保管所。现在，白马寺为国家级文物保护单位和 4A 级旅游景点。

"明月见古寺，林外登高楼。南风开长廊，夏日凉如秋。"这是唐朝诗人王昌龄笔下的白马寺。今天这座著名古刹仍名扬海内外，巍然屹立在邙山脚下。

大昭寺（中国）

大昭寺是位于我国西藏拉萨市中心的一座藏传佛教寺院，是全国重点文物保护单位。大昭寺在藏传佛教中拥有至高无上的地位。2000年11月，大昭寺作为布达拉宫的扩展项目被批准列入《世界遗产名录》，列为世界文化遗产。"去拉萨而没有到大昭寺就等于没去过拉萨。"这是大昭寺里著名的喇嘛尼玛次仁的话，也是几乎每一个旅行者都认同的观点。

大昭寺又名"祖拉康"、"觉康"（藏语意为佛殿），始建于唐贞观二十一年（647年），建造的目的据传是为了供奉一尊明久多吉佛像，即释迦牟尼8岁等身像。该佛像是当时的藏王松赞干布迎娶的尼泊尔尺尊公主从加德满都带来的。值得一提的是，现在大昭寺内供奉的是文成公主从大唐长安带去的释迦牟尼12岁等身像。而尼泊尔尺尊公主带来的释加牟尼8岁等身像于8世纪被转供奉在小昭寺。

大昭寺建造时曾以山羊驮土，因而最初的佛殿曾被命名为"羊土神变寺"。1409年，格鲁教派创始人宗喀巴大师为歌颂释迦牟尼的功德，召集藏传佛教各派僧众，在寺院举行了传昭大法会，后寺院改名为"大昭寺"。清朝时，大昭寺曾被称为"伊克昭庙"。

从大昭寺金顶俯瞰大昭寺广场，右边远处山上是布达拉宫，近处的柳树是"公主柳"，相传是文成公主所栽。大昭寺的布局方位与汉地佛教的寺院不同，其主殿是坐东面西的。主殿高4层，两侧列有配殿，布

金碧辉煌的大昭寺

局结构上再现了佛教中曼陀罗坛城的宇宙理想模式。寺院内的佛殿主要有释迦牟尼殿、宗喀巴大师殿、松赞干布殿、班旦拉姆殿（格鲁派的护法神）、神羊热姆杰姆殿、藏王殿等。寺内各种木雕、壁画精美绝伦，空气中弥漫着酥油香气，藏民们神情虔诚地参拜转经。

大昭寺内保存有大量珍贵文物，为藏学研究提供了丰富的素材。此外，在大昭寺门前广场上树立的唐蕃会盟碑见证了汉藏人民的深厚友情，种痘碑（为纪念清朝乾隆年间清皇朝向西藏人民传授种痘方法以防治天花所立）则见证了清皇朝、汉民族对西藏人民的关怀。

大昭寺是西藏重大佛事活动的中心。五世达赖喇嘛建立"甘丹颇章"政权后，"噶厦"政府的机构便设于寺内，主要集中在庭院上方的两层楼周围。许多重大的政治、宗教活动，如"金瓶掣签"等都在这里进行。

大昭寺是西藏现存最古老的土木结构建筑，开创了藏式平川式的寺庙布局规式，融合了藏、唐、尼泊尔、印度的建筑风格，成为藏式宗教建筑的千古典范。

　　环大昭寺内中心的释迦牟尼佛殿一圈称为"囊廓"，环大昭寺外墙一圈称为"八廓"，大昭寺外辐射出的街道叫"八廓街"，即八角街。以大昭寺为中心，将布达拉宫、药王山、小昭寺包括进来的一大圈称为"林廓"。这从内到外的三个环型，便是藏民们行转经仪式的路线。

　　大昭寺殿高4层，整个建筑金顶、斗拱为典型的汉族风格。碉楼、雕梁则是西藏样式，主殿二、三层檐下排列成行的103个木雕伏兽和人面狮身，又呈现尼泊尔和印度的风格特点。寺内有长近千米的藏式壁画《文成公主进藏图》和《大昭寺修建图》，还有两幅明代刺绣的护法神唐卡，这是藏传佛教格鲁派供奉的密宗之佛中的两尊，为难得的艺术珍品。

　　大昭寺寺址最早是一片湖，松赞干布曾在此湖边向文成公主许诺，随戒指所落之处修建佛殿，孰料戒指恰好落入湖内，湖面顿时遍布光网，光网之中显现出一座九级白塔。于是，一场由千只白山羊驮土建寺的浩荡工程开始了。

　　两位公主各自带来的一尊珍贵的释迦牟尼的佛像作为最贵重的陪嫁，藏民公认这两尊佛像是最早进入雪域高原的佛像，然后为了供养这么神圣的佛像，松赞干布就开始修建西藏佛教历史上最早的佛教建筑物，便是大昭寺和小昭寺了。

　　相传建大昭寺时，几次均遭水淹。文成公主解释说，整个青藏高原是个仰卧的罗刹女，这个魔女呈人形，头朝东，腿朝西仰卧臂，大昭寺所在的湖泊原来正好是罗刹女的心脏，湖水乃其血液。所以文成公主说大昭寺必须填湖建寺，首先把魔女的心脏给镇住。然后文成公主同时推荐了另外12个小寺院在边远地区，镇住魔女的四肢和各个关节，共建了13座寺院。

按照文成公主所选的位置，建寺首先要填湖。当时主要的运输方式是依靠山羊背着装着沙和土的袋子。就这样把这个湖泊给填平了，给大昭寺奠定了基础。其实今天的"拉萨"这两个字就是从大昭寺演变而来的。最早拉萨不叫 LASA，古文书上都是 RASA，RA 是山羊，SA 是土地，意思是山羊住的地方。后来因为修建了这样神圣的佛殿，里面供奉了佛祖的像，有佛经、佛塔，还有四面八方的信徒来这里朝圣，大家都认为这个地方是佛地，所以又改称拉萨，LA 在藏语里是佛的意思，SA 是地。

大昭寺大殿左右有两尊巨大的佛像。左侧为红教创始人密宗大师莲花生，他本来是印度的佛学家，公元 8 世纪进藏，在他入藏以后藏区开始出现密宗。右侧是未来佛。

大殿通道入口处右侧是关于大昭寺建寺故事的壁画，它生动形象地绘出了公元 7 世纪时早期布达拉宫的样子，以及当年填湖建大昭寺的情景。从左向右，第一间小殿，里面供有宗喀巴及其八大弟子，此八位弟子都为弘扬黄教作出了巨大贡献。一世达赖和一世班禅都位于八大弟子之列。黄教六大寺庙，甘丹寺为宗喀巴本人亲建，哲蚌寺、色拉、扎什伦布寺均为其弟子所建。一座白塔矗立在西墙与北墙拐角之处，据说这座白塔是在修建大昭寺之前，从卧塘湖中所显现出来的。南侧第一间小殿，端坐着八大"东方净琉璃世界的教主"——药师佛。紧挨小殿，是手置耳侧、瘦骨嶙峋的白教创始人之一——米拉日巴的塑像。再行数步，小殿内置三世佛。

转过来第二间殿是观世音殿。当地人供养佛的方式很虔诚，在殿内经常能遇到当地一些家庭给观世音菩萨脸上涂金粉。此殿右侧有松赞干布及尺尊、文成公主塑像。在藏民的心目中，他们三个不仅仅是普通的国王和王后，他们是菩萨变成了国王和王后来教化藏族人的。两位公主体貌端庄，其中前面发髻高挽、典型的大唐女子就是文成公主。

在南墙与东墙拐弯之处，有宗喀巴及其他教派的诸位宗师。东墙第一间佛殿是无量光佛殿。这里还可以看到公元 7 世纪的檀木的门框和上面精美的雕刻。另外释迦牟尼殿前也有和这里同样是 7 世纪的木柱，一共 8 根。大昭寺之所以在 2000 年被列为世界文化遗产，诸多的条件中，最关键的就是这些木雕，因为在西藏其他任何寺院都看不到，只有在大昭寺有。这些木雕现在已经像铁一样坚硬了，敲一下，还会发出金属之声。毕竟是经历了 1000 多年的风风雨雨过来的传世国宝。

再往下的佛殿里供奉有拉萨十分出名的一尊强巴佛，据说它掌握着西藏的风调雨顺，每年藏历新年活动结束前要把它请出去绕大昭寺一周。

强巴佛殿外面的 5 位高僧就是萨迦五祖（萨迦派 5 位法位继承人）。藏族佛教虽然是一个整体，但后来由于实践和方式上有所不同，形成了四大教派：宁玛、萨迦、格举、格鲁。萨迦派影响最大时曾经统治了整个藏区，也就是萨迦王朝。萨迦王朝 5 个法王里面最后一个叫八思巴，就是最右边的一个，是他把藏传佛教文化传给中原，介绍给汉族和蒙古族。后来八思巴又成了蒙古汗王忽必烈的帝师，也就是元朝的国师。他创造了蒙文，并把佛教文化带给了蒙古族。

少林寺（中国）

少林寺有"天下第一名刹"之誉，是中国佛教禅宗祖庭，位于河南登封城西少室山。南北朝时，天竺僧人菩提达摩来到中国，善好禅法，颇得北魏孝文帝礼遇。太和二十年（496年），敕就少室山为佛陀立寺，供给衣食。寺处少室山林中，故名少林。据佛教传说，禅宗初祖菩提达摩在华以4卷《楞伽经》教授学者，后渡江北上，于寺内面壁10年，传法慧可。此后少林禅法师承不绝，传播海内外。北周建德三年（574年）武帝禁佛，寺宇被毁。大象年间重建，易名陟岵寺，召惠远、洪遵等120人住寺内，名"菩萨僧"。隋代大兴佛教，敕令复少林之名，赐柏谷坞良田百顷，成为北方一大禅寺。唐初秦王李世民消灭王世充割据势力时，曾得寺僧援助，少林武僧遂名闻遐迩。高宗及武则天亦常驾临该寺，封赏优厚。唐会昌年间，武宗禁佛，寺大半被毁，迄唐末五代，寺渐衰颓。宋代略有修茸。元皇庆元年（1312年），世祖命福裕和尚住持少林，封赠为大司空开府仪同三司，统领嵩山所有寺院。一时中外僧众云集，演武礼佛，僧众常有2000人左右。元末农民起义，红巾军至少林，僧众散逃。明代先后有8位皇子到寺内出家，屡次诏令大修，寺院规模有所发展。清代康熙、雍正、乾隆诸帝亦很关心少林寺，或亲书匾额，或巡游寺宇。1928年因遭兵燹，天王殿、大雄殿等许多建筑、佛像、法器被毁。寺内现存有山门、客堂、达摩亭、白衣殿、地藏殿及千佛殿等。千佛殿内有明代五百罗汉朝毗卢壁画。寺旁有始建于唐贞元七年（791年）的塔林，有塔220余座，还有初祖庵、二祖庵，以及附近的同光塔、五代法华塔、元代缘公塔等。寺内保存唐以来碑碣石刻甚多，重要的有《唐太宗赐少林教碑》、《武则天诗书碑》、《戒坛铭》、《少林寺碑》、《灵运禅师塔碑铭》、《裕公和尚碑》、《息庵禅师道行碑》和早些年建立的《日本大和尚宗道臣纪念碑》等。

少林寺常住院建筑在河南登封少溪河北岸，寺院宏大。从山门到千佛殿，共7进院落，总面积达3万平方米。山门的正门是一座面阔3间的单檐歇山顶建筑，坐落在2米高的砖台上，左右配以硬山式侧门和八字墙，整体配置高低相衬，十分气派。门额上有清康熙帝亲笔所题"少林寺"三个大字，更添一道辉煌的景色。

一进山门，便见弥勒佛供于佛龛之中，大腹便便，笑口常开，人称"大肚佛"、"皆大欢喜佛"。神龛后面立有韦驮的木雕像，神棒在握，是少林寺的护院神。过了山门，便是甬道，两旁碑石如林，故称碑林。锤谱堂就在山门内碑林西侧，里面有泥塑和木雕群像，演绎着少林武术的发展史及其显赫功绩。

经甬道过碑林后便是天王殿，它是一座三间重檐歇山顶殿堂，外面有两大金刚，内里则是四大天王像，个个威武雄壮。

穿过天王殿，其后有大雄宝殿。殿内供奉着释迦牟尼、阿弥陀佛、药师佛的神像，屏墙后面悬塑观音像，两侧有十八罗汉侍立。大雄宝殿之后，又有藏经阁，这是寺僧藏经说法的场所。殿前甬道有明万历年间铸造的大铁钟一口，重约650千克。藏经阁的东南面是禅房，是僧人参禅打坐的地方，对面的西禅房，则是负责接待宾客的堂室。

过了法堂便来到方丈室，这是方丈起居与理事的地方。乾隆曾西渡洛水至少林寺，即宿于此，并赋诗一首："明日瞻中岳，今宵宿少林。心依六禅静，寺据万山深。树古风留籁，地灵夕作阴。应教半岩雨，发我夜窗吟。"室内有1980年日本赠送的铜质达摩像。东侧放置的是弥勒佛铜像，墙上挂有"佛门八大僧图"、"达摩一苇渡江图"。达摩亭在方丈室后，是一座单檐庑殿式建筑，相传是二祖慧可立候达摩、雪地断臂之所。东配殿位于达摩亭西侧，于1983年重建，殿内有"阿弥陀佛"

的石像和"达摩面壁影石"。

千佛殿又名毗卢阁，面积达几百平方米，是寺内现存最大的殿宇。殿中供奉毗卢遮那（即法身佛）的佛像。另外，千佛寺的东侧有白衣殿，西侧有地藏殿，都十分壮观。

从塔林北行约1千米，就到达初祖庵。它三面临壑，背连五乳峰，景色幽雅秀丽，是河南省现存最古老、价值最高的一座木结构建筑，是为纪念达摩面壁而修建的。殿的檐柱、内柱、墙下雕石以及神台周围都有精美的浮雕。大殿神龛内供着达摩祖师像。

从初祖庵出发，沿山路登上五乳峰，即可到达摩洞。洞内，有达摩及其弟子的石像4尊。洞外，有一座明代万历年间建造的石牌坊。传说达摩曾在此面壁10年，由于功夫深厚，他的身影形状被印在山石上，留下了极富传奇色彩的"达摩影石"。周恩来总理有一句诗"面壁十年图破壁"，即来源于这一典故。

少林寺

从少林寺往西南方向登钵盂峰,峰顶有一座佛殿,这就是二祖庵。相传禅宗二祖慧可,向菩提达摩学佛,断臂得到衣钵真传后,曾在此养伤。殿前有四眼井,传说是慧可所凿。这四眼井相距甚近,但水味各异,名为"卓锡井",当地人也称"苦、辣、酸、甜四眼井"。

其时嵩山有位名叫神光的僧人,听说达摩大师住在少林寺,于是前往拜谒。但达摩面壁端坐,不置可否。神光没有气馁。他暗自思忖:"古人求道,无不历尽艰难险阻,忍常人所不能忍。古人尚且如此,我有何德何能?当自勉励!"时值寒冬腊月,纷纷扬扬飘起漫天大雪。夜幕降临,神光仍在寺外站立不动,天明积雪已没过他的双膝。达摩这时才开口问道:"你久立雪中,所求何事?"神光泪流满面说道:"只愿和尚慈悲,为我传道。"达摩担心神光只是一时冲动,难以持久,略有迟疑。神光明白达摩心思,就取利刃自断左臂,置于达摩面前。达摩于是就留他在自己的身边,并为他取名慧可。少林寺内的立雪亭,便是为纪念慧可断臂求法的事迹而建。

达摩禅师以4卷《楞伽经》授予慧可,慧可就是日后禅宗在东土的第二代祖师,自此,禅宗在中国有了传法世系。

禅宗在其诞生地印度没有成宗,却在传入嵩洛后,成为中国佛教延绵不断的主流宗派。禅宗流传久远的重要原因之一,是其教义和修行方法的简单易行。教内传法的过程中难免会产生教条化、形式化的弊端,只重考据文字而不重把握精神,会丧失教义的灵魂。针对这种偏颇的倾向,禅宗提出了"教外别传,不立文字,直指人心,见性成佛"的宗旨。所谓"教外别传",是指在教典以外别有一种教义的传授方法。禅宗的简易性,便体现在"见性成佛"的主张上。

在少林寺西约300米的山脚下,有一塔林,这是唐以来少林寺历代住持僧的墓地,共250余座塔。这是我国最大的塔林。塔的大小不等,形状各异,大都有雕刻和题记,石雕艺术精湛,塔铭大多涉及到古代中外文化交流和少林武功。塔林也反映了各个时代的建筑风格,是研究我国古代砖石建筑和雕刻艺术的宝库。

悬 空 寺（中国）

悬空寺殿楼的分布，都对称中有变化，分散中有联络，曲折回环，虚实相生，小巧玲珑，空间丰富，层次多变，小中见大，不觉为弹丸之地；其布局既不同于平川寺院的中轴突出、左右对称，也不同于山地宫观依山势逐步升高的格局，而是均依崖壁凹凸，审形度势，顺其自然，凌空而构，看上去，层叠错落，变化微妙，使形体的组合和空间对比达到了井然有序的艺术效果。

远望悬空寺，像一尊玲珑剔透的浮雕，镶嵌在万仞峭壁间，近看悬空寺，大有凌空欲飞之势。登临悬空寺，攀悬梯，跨飞栈，穿石窟，钻天窗，走屋脊，步曲廊，几经周折，忽上忽下，左右回旋，仰视一线青天，俯首而视，峡水长流，叮咚成曲，如置身于九天宫阙，犹如腾云驾梦。

悬空寺不仅外貌惊险、奇特、壮观，建筑构造也颇具特色，形式丰富多彩，屋檐有单檐、重檐、三层檐，结构有抬梁结构、平顶结构、斗拱结构，屋顶有正脊、垂脊、戗脊、贫脊。总体外观，巧构宏制，重重叠叠，造成一种窟中有楼，楼中有穴，半壁楼殿半壁窟，窟连殿，殿连楼的独特风格，它既融合了我国园林建筑艺术，又不失我国传统建筑的格局。

悬空寺内现存的各种铜铸、铁铸、泥塑、石刻造像中，不少风格、体例具有早时期的特点，是具有较高艺术价值的珍品。

我国现存悬空寺有多处：其中最为有名的是山西恒山悬空寺。

山西恒山悬空寺又名玄空寺，是国内现存的唯一的佛、道、儒三教合

恒山悬空寺

一的独特寺庙。它修建在悬崖峭壁间，始建于北魏后期，迄今已有1400多年的历史。悬空寺面对恒山，背倚翠屏，上载危岩，下临深谷，楼阁悬空，结构巧奇。悬空寺共有殿阁40间，利用力学原理半插飞梁为基，巧借岩石暗托梁柱上下一体，廊栏左右相连，曲折出奇，虚实相生。寺内有铜、铁、石、泥佛像80多尊，寺下岩石上"壮观"二字，是唐代诗仙李白的墨宝。

山西恒山悬空寺始建初期，最高处的三教殿离地面90米，因历年河床淤积，现仅剩58米。1957年列为山西省重点文物保护单位，1982年列入全国重点文物保护单位。全寺为木质框架式结构，总体布局以寺院、禅房、佛堂、三佛殿、太乙殿、关帝庙、鼓楼、钟楼、伽蓝殿、送子观音殿、地藏王菩萨殿、千手观音殿、释迦殿、雷音殿、三官殿、纯阳宫、栈道、三教殿、五佛殿等组合为体。

悬空寺是历代文人墨客向往之处，古代诗人形象地赞叹："飞阁丹崖上，白云几度封，蜃楼疑海上，鸟到没云中。"明崇祯六年，徐霞客游历到此，称之为"天下巨观"。

此外我国悬空寺还有如下一些：

山西广灵县悬空寺

山西广灵县城南有座壶山，上有大士庵和水神庙合称的"小悬空寺"。寺庙建于山巅。创建于北魏时期，现存为明代时期遗物。

小悬空寺为平面八角形的建筑，有山门、正殿、东西殿、钟楼等。殿堂的雕刻手法细腻，钟楼结构玲珑，前有掖门穿过，周围设有回廊围护。寺内东南隅，矗立一座高约 28 米、八角形七层楼阁式砖塔，塔上雕有斗拱、门窗、塔刹、脊饰，结构规整，形体秀丽，比例优美适度。

寺内一口古井，直通山下泉源。丰水源泉环山涌出，壶河水至此与丰水汇合，形成广百余亩的巨潭，夏秋之际碧光潋滟，当月色皎洁明亮照映泉源中时，与殿堂楼阁交相辉映，颇有江南水乡风光姿色。

河北苍岩山悬空寺

河北苍岩山悬空寺，又名桥楼殿，是我国三大悬空寺之一。巍峨独特的桥楼殿堂，于重山叠翠、峡谷一线处，形成"桥殿飞虹"的天下奇观，为苍岩山"三绝"之一。据考证，石桥为隋代建筑，略早于赵州安济桥。桥上的楼殿为唐代建筑。它坐西向东，长 15 米，宽 8 米。从力学角度看，此殿重量及游客满载时，总重量约在 35 吨左右，按此推算，桥的拱高应在 3.5 到 4 米之间，而该桥拱高却只有 2.8 米。其横跨在两山峭壁之间，为敞肩拱式，翼角高翘，流苏彩绘，高架于云天雾海之上，有高不可攀之威、腾空欲飞之势。建于桥上的桥楼殿内有释迦牟尼佛、阿弥陀佛、药师琉璃光王佛 3 尊佛像，正中背面塑观音像，殿内两侧十八罗汉像。

最令人惊异莫名的是，在桥楼殿上方 100 米的弯路上，过往行人皮肤有变黄变绿的现象，光学专家、气功大师、佛教人士对此说法不一，

河北苍岩山悬空寺

实为苍岩山"一奇"。

相传苍岩山是隋炀帝长女南阳公主出家修行的地方，山上建有南阳公主真容堂，俗称公主庙。

云南西山悬空寺

云南西山悬空寺，又名三清阁，位于昆明西南郊西山罗汉岩上。此寺始建于元代，后经明、清两代扩建，形成目前的规模，为一组九层、十二殿、一石坊的建筑群。原为梁王避暑夏宫。后改名为"凌虚阁"、"玉皇阁"，明代改为"海崖寺"，又称"罗汉寺"，后又改今称。

三清阁下，沿石级而上，殿阁中为儒释道混合的塑像。在险峻的峭壁上，有云华洞、孝牛泉、石室等胜景，让人有如临空中楼阁之感。俯视脚下滇池烟波，气势极其壮观。

从三清阁穿过刻有"别有洞天"四字的狭窄石道，沿石级而上，可到石林、云海等石室平台，至此，眼界豁然开阔。继续南行，在危崖壁立的岩间，已开辟一条傍山开窗隧道，可抵慈云洞。洞内雕有观音菩萨坐像，石洞中在原始岩石上雕刻而成其门楹、香炉、藻井及各种装饰等。再沿隧道登石阶而上，见刻有"龙门"二字的石坊。入内为"达天阁"石室。整段石室岩洞工程开凿于清乾隆四十六年（1781年），直至咸丰三年（1853年）完成。

百丈的悬崖峭壁上，有岩石壁联写道："仰笑宛离天尺五，凭临恰在水中央。"登高身临其境，海天一色，气象万千，可称"滇中第一胜境"。

三清阁有一副佚名写景之名联：

半壁起危楼，岭如屏，海如镜，舟如叶，城郭村落如画，况四时风月，朝暮晴阴，试问古今游人，谁领略万千气象；

九秋临绝顶，洞有云，崖有泉，松有涛，花鸟林壑有情，忆八载星霜，关河奔走，难得栖迟故里，来啸傲金碧湖山。

青海西宁悬空寺

青海西宁悬空寺，始建与北魏，现在已经是我国第二大悬空寺，也叫土楼观。位于西宁市，依山傍水，发育完好的丹霞地貌向里凹进，有形成大小不等的洞穴，素有"九窟十八洞"之称。红崖殿宇高悬，栈道回廊，将殿宇楼阁与洞穴相连，使殿中有洞，洞内套洞，洞中塑有佛道诸神像。这里是丝绸之路南线必经之路，所以在这里流下了许多有名和尚的脚印，几千年的风雨将这巨大的佛像洗刷为了一道靓丽的风景。

河南淇县朝阳悬空寺

河南淇县朝阳悬空寺，位于河南淇县城西5千米朝阳山半山腰处，依山建造，绝壁而生，飞檐凌空，遥望如空中楼阁，故名悬空寺。该寺北靠朝阳山，青松翠柏及奇花异草在太阳光照射下，如彩凤当阳，翠盘捧日，故称朝阳悬空寺。据明、清《淇县志》记载，朝阳山原为殷故宫，是殷纣王冬季设行宫采暖的地方。东魏武定七年在此创建寺院，建筑金碧辉煌，气势雄伟，十分壮观。

朝阳山后有著名的清凉庵。这里绿树成荫，清静凉爽，是殷纣王当年消夏避暑的地方。走过庵西凌空飞架的石拱桥，经21个台阶，穿越一自然溶洞，便到了清凉庵。清康熙五十二年（1713年），住持僧海阔所立《碾子沟清凉庵恩准执照碑记》中言及此庵修建曾得到皇帝恩准。庵后崖壁上有一清澈见底的山泉，久旱不竭，甘冽爽口，清泉飞瀑，山谷回应，宛如龙吟虎啸，山涧乱石下，涓涓细流叮咚作响，美妙动听。石拱桥西，崖壁平绕山头有6个石窟，窟内有雕像及摩崖题记。朝阳寺、清凉庵附近有千佛洞、九龙柏、泪石、饮马泉、长眠道人墓、花台、圣儒峰、王莽洞、莲花壁、天下第一门——尖山门、天书崖等以及历史、艺术、书法价值极高的摩崖石刻等。这里峰峰形奇，景景多姿，水声潺潺，空气清新，是人们寻幽探秘、旅游观光、消夏避暑的好去处。

浙江建德大慈岩悬空寺

　　浙江建德大慈岩，坐落于浙江建德县城27千米处，濒临千岛湖，山形诡怪富有奇趣。山巅古刹大慈寺，建于元大德初年。主体建筑为地藏王菩萨殿，建于垂直200米高的绝崖石壁上，一半嵌入岩腹，一半凌架悬崖，之间有长廊相接，石栏连续，因地势架构布局，与山峰合为一体。人工建筑与自然景致相映成趣，有"江南悬空寺"的美称。

　　整个建筑群，地藏王大殿、清音阁、天香悬廊、天栈云渡等建筑，均以"悬空"取胜，或凌空构架于悬崖峭壁之上，或依山崖地势而筑，凭栏俯视，长达880米的长谷溪流，蜿蜒曲折，蔚为壮观。有"足下悬崖恐欲崩"之感，果真"悬空"之极。

　　大慈岩以江南悬空寺、长谷溪流、全国第一天然立佛而闻名遐迩。据县志载，元大德年间，临安人莫子渊循梦意弃家来此琢石为佛，号曰大慈。山以佛名，大慈岩一名由此而来。大佛总高达147米，头部高41.3米，肩宽60米，巨大的形象非常逼真，别具一格，称之"山是一尊佛，佛是一座山"，巍峨宏伟，被赞誉为"中华一绝"。

本篇简介
Benpian
Bjianjie

以拥有"四绝"而名闻天下。一绝明代壁画；二绝两棵巨大"白皮松"；三绝铸有汉文梵文的大铜钟；四绝曼陀罗藻井。

法海寺（中国）

北京市石景山法海寺，属全国重点文物保护单位，坐落在北京石景山模式口翠微山南麓。明正统四年（1439年）创建，正统五年建成。弘治十七年（1504年）重修，该寺的宝贵遗产和主要特色，是具有高度艺术价值的壁画。

壁画分布在殿内墙壁上，共有9幅，佛龛背壁的3幅，画的是水月观音，文殊、普贤菩萨。水月观音面目端庄慈祥，身披轻纱，花纹精细，似飘若动。东西墙上，画的是传说故事中的天帝、帝后、天王、信女、力士和童子等，共有35个人物，高的近2米，低的只有50厘米，并有祥云、花卉、动物等衬托。

殿北两铺，为"礼佛护法图"，有30多个人物，刻画生动，肌肉、服饰都富有质感。这些壁画都是明朝宫廷画士和民间画士精心绘制的，具有很高的艺术水平，至今虽已有500多年，但仍色彩鲜明。

全殿9幅壁画共绘人物77个，既有男女老幼，又有佛神鬼怪，且姿态各异，神情不一。有说法和坐禅的，有膜拜的，也有徐徐行进的，还有冉冉飞舞的。所绘人物、神怪、禽兽和草木等，不仅形象真实美好，而且生意盎然，和谐明快，组成了一幅幅或庄严肃穆、或清新明净的佛国仙境画面。所绘帝王气宇轩昂，神态威严。妇女则仪容丰满、美丽、温柔。至于天王、金刚和力士，不仅绘出了勇猛威武的神态，而且还充分表现了皈依释迦牟尼佛的无限诚心。壁画的人物服饰和装束华丽多彩，千姿百态：妇女梳各种样式发髻，戴各式首饰、璎珞、钏镯和花朵；男人穿戴不同式样冠帻、衣衫和盔甲，衣服上绘团凤、龟背、团鹤、宝相花、菊花和凤戏牡丹等图案；童子则梳发辫，活泼天真。画工细致入微的绘画技巧，使人们从生理特征上，易于分出他们的性别年龄；从服式、发式和行动举止及构图关系上，又可鲜明准确地分辨出他们的身份地位。这充分体现了画工们非凡的艺术才能。

法海寺

这些精美绝伦壁画的作者，从法海寺附近一块明正统九年（1444年）甲子冬日太监李福善等立的楞严经幢上发现的。其上所题的助缘协力善人的题名中，除了瓦匠、石匠、雕花匠、妆艺匠、嵌金匠等各色工匠的名字外，还有捏塑官陆贵、许祥，画士官宛福清、王恕，画士张平、王义、顾行、李原、潘福、徐福要等人的题名。经幢是法海寺修建完工后第二年所立，幢上所列人名无疑都是当时工部营缮所属下修建法海寺的工匠。由此可知，法海寺这些精湛的艺术杰作，就是这些画士官和画士所绘。

法海寺明代壁画与山西永乐宫元代壁画相比较，法海寺壁画在规模、力度、气势上不如永乐宫壁画，而在人物刻画、图案精微多变、多种用金方法等画工技巧方面，法海寺壁画比永乐宫壁画确实成就较高，在壁画制作工艺上也有新的发展。敦煌壁画是我国现存规模最大、内容最丰富的古典文化艺术宝库，但是，敦煌壁画自6世纪发展至清代，连绵不绝，却唯独缺少有明一代的壁画，北京法海寺壁画能够以其精湛的绘画艺术、高超的制作工艺和鲜明的时代特色补充这一缺憾，实为弥足珍贵。法海寺壁画可与欧洲文艺复兴时期的壁画相媲美，在世界同期壁画中占有突出地位。特别是在壁画制作与保存技法上，欧洲 15 世纪的壁画多有不同程度的脱落和剥裂，而我国法海寺壁画画面基本完好如初。

法海寺为明英宗正统皇帝的亲信大太监李童所主持修建。相传李童在梦中受仙人的指点，说在京西翠微山麓有一仙境可为佛门圣地。李童就率宫人前来寻找，果然在模式口村北找到蟠龙山麓和古刹龙泉寺。在龙泉寺东边的翠微山麓他们找到一块宝地，这里三面有山环抱。李童请示明英宗后，十分信奉佛教的明英宗下旨在这里修建法海寺。寺建成后，明英宗亲题"敕建法海禅寺"，所以法海寺为皇家寺院。法海寺的寺名"法海"，在《佛学大辞典》上解释为"佛法广大难测，譬之以海"。法海寺坐北朝南，山门殿为天王殿，前院东西有钟鼓楼，院正中为大雄宝殿。法海寺内有著名的"四绝"，即大雄宝殿内著名的明代壁画，殿外的两棵明代的巨大白皮松"白龙松"，铸有汉文梵文的大铜钟以及曼陀罗藻井。

法海寺的古树名木很多，如在山门前西南方的香道上，有一座小石桥。小石桥是香道的三岔口，就在小石桥的四角各生长着一棵古柏，古柏的根都生长在小石桥的石缝中，成为一奇观，人们称为"四柏一孔桥"。在法海寺的山门前，高耸着 4 棵参天古柏，好像是四大天王守护着寺院，人们叫它们"四大天王柏"。在寺内的大雄宝殿前，巍然屹立着两棵巨大的白皮松，它们郁郁葱葱的绿冠高达 30 多米，白干鳞片斑驳，西边的一棵干周长达 5.5 米，东边的一棵干周长 5 米。特别是西边的一棵，比北海团城上著名的金代白皮松"白袍将军"还粗壮。法海寺这两棵白皮松是明代建寺时所植，今已有 500 多年。它们像两条银龙守护着大殿，人们称为"白龙松"。这两棵白皮松为京城名松，白干绿冠与大雄宝殿相映相辉。白皮松自古就被我国人民视为"白龙"或"神龙"，多植在宫殿、园林、陵寝、寺庙中。

孔 庙（中国）

　　孔庙位于山东省曲阜市南门内，是我国历代封建王朝祭祀春秋时期思想家、政治家、教育家孔子的庙宇，初建于公元前478年，以孔子的故居为庙，以皇宫的规格而建，是我国三大古建筑群之一，在世界建筑史上占有重要地位。曲阜孔庙是祭祀孔子的本庙，是分布在中国、朝鲜、日本、越南、印度尼西亚、新加坡、美国等国家2000多座孔子庙的先河和范本，据称孔庙是孔子死后第二年（公元前478年），鲁哀公将其故宅改建为庙。此后历代帝王不断加封孔子，扩建庙宇，到清代，雍正帝下令大修，扩建成现代规模。庙内共有9进院落，以南北为中轴，分左、中、右3路，纵长630米，横宽140米，有殿、堂、坛、阁460多间，门坊54座，"御碑亭"13座，占地面积约9.5万平方米的庞大建筑群。

　　孔庙内的圣迹殿、十三碑亭及大成殿东西两庑，陈列着大量碑碣石刻，特别是这里保存的汉碑，在全国是数量最多的，历代碑刻亦不乏珍品，其碑刻之多仅次西安碑林，所以有我国"第二碑林"之称。

　　孔庙的总体设计是非常成功的。前为神道，两侧栽植松柏，创造出庄严肃穆的气氛，培养谒庙者崇敬的情绪；庙的主体贯串在一条中轴线上，左右对称，布局严谨。前后九进院落，前三进是引导性庭院，只有一些尺度较小的门坊，院内遍植成行的松柏，浓荫蔽日，创造出使人清心涤念的环境，而高耸挺拔的苍桧古柏间辟出一条幽深的甬道，既使人感到孔庙历史的悠久，又烘托了孔子思想的深奥。座座门坊高揭的额匾，极力赞颂孔子的功绩，给人以强烈的印象，使人敬仰之情不觉油然而生。第四进以后的庭院，建筑雄伟，黄瓦、红墙、绿树，交相辉映，既喻示出孔子思想的博大高深，也喻示了孔子的丰功伟绩。

孔庙共有建筑100余座，主要建筑有金元碑亭，明代奎文阁、杏坛，清代重建的大成殿、寝殿等。金元碑亭大木做法具有不少宋式特点，斗栱疏朗，瓜子栱、令栱、慢拱长度依次递增，六铺作里跳减二铺，柱头铺作与补间铺作外观相同等。正殿庭采用廊庑围绕的组合方式，是宋金时期常用的封闭式祠庙形制少见的遗例。大成殿、寝殿、奎文阁、杏坛、大成门等建筑采用木石混合结构，也是比较少见的形式。斗栱布置和细部做法灵活，甚至为了弥补视觉上的空缺感，将厢栱、万栱、瓜栱加长，使同一建筑物相邻两间斗栱的栱长不一，同一柱头两边栱长悬殊，这是孔庙建筑的独特做法。

孔庙保存汉代以来历代碑刻1044块，有封建皇帝追谥、加封、祭祀孔子和修建孔庙的记录，也有帝王将相、文人学士谒庙的诗文题记，文字有汉文、蒙文、八思巴文、满文，书体有真草隶篆，这些是研究封建社会政治、经济、文化、艺术的珍贵史料。碑刻中有汉碑和汉代刻字20余块，乙瑛碑、礼器碑、孔器碑、史晨碑是汉隶的代表作，张猛龙碑、贾使君碑是魏体的楷模。此外还有孙师范、米芾、党怀英、赵孟頫、张起岩、李东阳、董其昌、翁方纲等人的法书，元好问、郭子敬等人的题名。可以说，孔庙碑刻是中国古代书法艺术的宝库。

孔庙著名的石刻艺术品有汉画像石、明清雕镌石柱和明刻圣迹图等。汉画像石有90余块，题材丰富广泛，既有人们社会生活的记录，也有历史故事、神话传说的反映。雕刻技法多样，有线刻、有浮雕。线刻有减地，有剔地，有素地，有线地；浮雕有深有浅，有光面，有糙面。风格或严谨精细，或豪放粗犷，线条流畅，造型优美。明清雕镌石柱共74根，其中减地平镌56根，高浮雕18根。减地平镌图案多为小幅云龙、凤凰牡丹，为清雍正帝七年刻。崇圣祠刻牡丹、石榴、荷花等花卉，构图优美，是明弘治十七年的遗物。石雕的精品是浮雕龙柱，崇圣祠二柱龙姿矫健，云形活泼，水平最高。另外圣时门、大成门、大成殿的浅浮雕云龙石陛也有很高的艺术价值。圣迹为明万历二十年（1592年）据孔庙宋金木刻增补而成，由曲阜儒学生员毛凤翼汇校、扬州杨芝作画、苏州石工章草上石，共120幅，形象地反映了孔子一生的行迹，是我国较早的大型连环画之一，具有很高的历史价值和艺术价值。

棂星门

棂星，即灵星，又名天田星，古人认为它"主得士之庆"。古代祭天，先要祭祀灵星。孔庙设门名灵星，是说尊孔如同尊天。

棂星门在泮水桥后，四楹三间。石柱铁梁，4根圆石柱中缀祥云，顶雕怒目端坐天将。额枋上雕火焰宝珠，明间额坊由上下两层石板组成，下层刻乾隆皇帝手书"棂星门"3个大字，上层刻绦环花纹。明代时此门为木制，清乾隆十九年（1754年）重修时"易以石"。

棂星门里建二坊，南为太和元气坊，此坊建于明嘉靖二十三年（1544年）春，形制与金声玉振坊同，坊额题字系山东巡抚曾铣手书，赞颂孔子思想如同天地生育万物一样。北为至圣庙坊，明额题刻篆字，坊明代时原刻"宣圣庙"3字，清雍正七年（1729年）易为今名。坊为汉白玉石刻制。

后人为赞颂孔子思想对我国社会所产生的深远影响，使用了"德侔天地"、"道冠古今"8个字，意即他的贡献如同天地一样大，他的主张古今来说都是最好的。因此在孔庙第一进院落左右两侧修建了两座对称的木质牌坊，东题"德侔天地"，西题"道冠古今"，为孔庙的第一道偏门。两坊建于明初，具有明显的时代风格。建筑为木构，三间四柱五楼，黄色琉璃瓦，如意斗拱，明间十三踩，稍间九踩，中夹小屋顶五踩。坊下各饰有 8 只石雕怪兽。居中的 4 只天禄，披麟甩尾，颈长爪利；两旁的 4 个辟邪，怒目扭颈，形象怪异。

圣时门

据《孟子》记载："孟子曰：伯夷，圣之清者也；伊尹，圣之任者也；柳下惠，圣之和者也；孔子，圣之时者也。"意思是说，在圣人之中孔子是最适合时代的。据此，清世宗于雍正八年（1730 年）钦定孔庙正门名"圣时门"。圣时门始建于明永乐十三年（1415 年），3 间，弘治年间扩为 5 间中设拱门 3 券，碧瓦歇山顶，四周是深红的墙皮，券内是杏黄的墙里，前后石阶上各有石刻龙陛。由拱门内望，令人有深邃莫测之感。

过圣时门，豁然洞开，偌大一个庭院，古柏森森，绿荫匝地，芳草如茵。迎面 3 架拱桥纵跨，一水横穿，碧波涣涣，荷叶田田，环水雕刻有玲珑的石栏。水"壅绕如璧"，故名"璧水"，桥因而易名，称"璧水桥"。

桥南东西二门，甬道相连，东匾"快睹门"，取李渤"如景星凤凰，争先睹之"语，即"先睹为快"之意；西匾"仰高门"取自《论语》"仰之弥高"语，赞颂孔子学问十分高深。此是孔庙的第二道偏门。过去只有皇帝祭祀才可走正门，一般人只能从仰高门进庙。

弘道门

璧水桥北为弘道门，是明洪武十年（1377 年）时孔庙的大门，清雍正七年据《论语》"人能弘道"钦定命名，以赞颂孔子阐发了尧舜禹汤和文武周公之道。门下有元碑两块，东四棱碑为"曲阜县历代沿革志"，记载了曲阜的变迁沿革，史料价值很高。西碑为"处士王处先生墓表"颇有书法价值，是 1966 年移入孔庙保管的。

大中门

入大中门，即进入孔庙第四进庭院。院落疏阔，古树葱郁，禽鸟翔集。夏天鹳飞鹤舞，白鹭翩翩，冬春鹊鸣雀喧，昏鸦噪晚，显得十分幽深。

大中门原名中和门，较弘道门长且狭，共5间，原为宋代孔庙的大门，后经明弘治时重修，今门系清代所建。门左右两旁各有绿瓦拐角楼一座，系元至顺二年（1331年）为使孔庙象皇宫一样威严而建的。角楼均3间，平面作曲尺形，立在正方形的高台之上，台之内侧有马道可以上下。此两角楼瓦庙与东北、西北两角楼构成一个巨大的长方形，以供守卫之用。

奎文阁

过大中门，迎面即为同文门。门屋阔5间，深2间，黄瓦歇山顶，斗拱布局疏朗。

过同文门，院北端一座高阁拔地而起，顶檐下群龙护绕的一块木匾上大书"奎文阁"三字，它就是以藏书丰富、建筑独特而驰名中外的孔庙藏书楼。

奎文阁始建于宋天禧二年（1018年），始名"藏书楼"，金章宗在明昌二年（1191年）重修时改名"奎文阁"，清乾隆皇帝重新题匾。"奎"是星名，二十八宿之一，后人把奎（魁）星演化为文官首。后代封建帝王为赞颂孔子，遂将孔庙藏书楼命名为奎文阁。

奎文阁高23.35米，阔30.1米，深17.62米，黄瓦歇山顶，三重飞檐，四层斗栱。内部两层，中夹暗层，层叠式构架，底层木柱上施斗栱，斗栱上再立上层木柱。奎文阁结构合理，坚固异常，自明弘治十七年（1504年）重修以来，经受了几百年风风雨雨的侵袭和多次地震的摇撼，虽然康熙年间的大地震使曲阜"人间房屋倾者九，存者一"，而奎文阁仍然无恙，岿然屹立，不愧为我国著名的古代木结构建筑之一。阁西碑亭中记载康熙年间地震的石碑就是奎文阁坚固的旁证。阁前廊下石碑二幢，东为"奎文阁赋"，系明代著名诗人李东阳撰文，名书法家乔宗书写；西为"奎文阁重置书籍记"，记载着明代正德间皇帝命礼部重修赐书庋藏的情况。

奎文阁前有两座御碑亭，亭内外共有 4 幢明代御碑。每幢高 6 米多，宽 2 米多，碑下的龟趺高 1 米多。碑额精雕盘龙，绕日盘旋栩栩如生。碑文内容多是尊崇孔子。东南露天的"重修孔子庙碑"为明宪宗朱见深所立。碑文极力推崇孔子思想："朕惟孔子之道，有天下者一日不可暂缺。"字楷书，书体端庄，结构严谨，以精湛的书法著称于世。石碑立于成化四年（1468 年），习称"成化碑"。

此院东西各有一所独立的院落，名曰"斋宿"，祭祀孔子前祭祀人员在此戒斋沐浴。东院是"衍圣公"的斋宿所。清代康熙、乾隆皇帝祭祀孔子曾在此沐浴，又称"驻跸"。西院是从祭官员的斋宿所，清代中期就已废弃，仅存院落。清道光年间，孔子七十一代孙孔昭薰将孔庙内宋、金、元、明、清五代文人谒庙碑 130 余块集中镶嵌在院墙上，改称"碑院"。碑碣或流畅奔放，飘逸自如；或丰润温雅，神采飞动；或端庄典雅，质朴古拙，精品众多，蔚然大观。

十三碑亭

过奎文阁，为孔庙的第六进庭院。院落狭长，矗立着 13 座碑亭，南 8 北 5，两行排列，斗栱飞翘，檐牙高啄，黄瓦耀金，栉次鳞比。十三碑亭专为保存封建皇帝御制石碑而建，习称"御碑亭"。亭内存碑 55幢，是唐、宋、金、元、明、清、民国七代所刻。碑文多是皇帝对孔子追谥加封拜庙亲祭、派官致祭和整修庙宇的记录，用汉文、八思巴文（元代蒙古文）、满文等文字刻写。

道北 5 座碑亭建于康熙、雍正、乾隆年间，道南的 8 座亭中，4 座为金、元建筑,东起第三、第六座为金明昌六年(1195年)所建,第四座为元至元五年(1268年)所建,第五座为元大德六年(1302年)所建,其余4座为清代所建。两座正方形的金代碑亭,斗栱豪放,布置疏朗,是孔庙现存最早的建筑。

各亭石碑多以似龟非龟的动物为趺,名曰"赑屃(bì xì)",据说是龙的儿子。传说龙生9子,各有所能,赑屃擅长负重,故用以驮碑。碑亭中最早的是两幢唐碑,一幢是立于唐高宗总章元年(668年)的"大唐赠泰师鲁先圣孔宣尼碑",一幢是立于唐玄宗开元七年(719年)的"鲁孔夫子庙碑",皆位于南排开东起第六座金代碑亭中。最大的一幢石碑是清康熙二十五年(1686年)所立,位于北排东起第三座碑亭内。这块碑约重35吨,加上碑下的赑屃、水盘,约重65吨。这块石采自北京的西山,在当时的技术条件下,能将此碑安然运抵千里之外的曲阜,不能不使人惊叹。

此院的东南、西南部,各有一片丛林似的碑碣。北墙朱栏内还镶着大量刻石,均为历代帝王大臣们修庙、谒庙、祭庙后所刻。如从书法艺术上来看,真草隶篆各有千秋。另有几座石碑从侧面记载了元末红巾军,明代中期刘六、刘七,明末徐鸿儒等农民起义的情况,是研究农民革命历史难得的珍贵史料。

十三碑亭院两侧,东建毓粹门,西建观德门,供人出入,人们依照皇宫之名,称为东、西华门。这是孔庙的第三道偏门。

大成门

十三碑亭北,有五门并列居中的一座名大成门的,是孔庙第七道大门。

"大成",是孟子对孔子的评价。他说"孔子之谓集大成",赞颂孔子达到了集古圣先贤之大成的至高境界。此处,五门大开,将孔庙分作三路:东为承圣门,内奉祀孔子上五代祖先;西为启圣门,内奉祀孔子

孔庙大成殿

父母；中路大成门，三门并立，左掖金声门，右掖玉振门。"金声"是击钟的声音，表示奏乐之始；"玉振"是击磬的声音，表示奏乐之终，用以象征孔子思想集古圣先贤之大成。中路主祭孔子夫妇，并以历代先贤先儒配享从祀。

　　于大成门南端的十三碑亭系金代以来逐代增建而成。能工巧匠们充分运用传统的"勾心斗角"的建筑手法，巧妙地解决了建筑结构空间的问题。

杏坛

　　"杏坛"相传就是孔子讲学的地方。孔子杏坛设教记载最早见于《庄子渔父篇》："孔子游乎缁帷之林，休坐乎杏坛之上，北子读书孔子弦歌鼓琴。"但是原址在哪里却无记载。宋天禧二年（1018年），孔子四十五代孙孔道辅监修孔庙，将正殿后移扩建，以正殿旧址"除地为坛，环植以杏，名曰杏坛"，金代始于坛上建亭，由当时著名文人党怀英篆书"杏坛"二字。

杏坛十字结脊，四面悬山，黄瓦朱栏，雕梁画栋，彩绘精美华丽，坛前置有精雕石刻香炉，坛侧几株杏树，每当初春，红花摇拽。乾隆皇帝曾为之赋诗："重来又值灿开时，几树东风簇绛枝，岂是人间凡卉比，文明终古共春熙。"

两庑

大成殿东西两侧的房子叫"两庑"，是后世供奉先贤先儒的地方。这配享的贤儒大都是后世儒家学派中著名的人物，如董仲舒、韩愈、王阳明等。在唐朝仅有 20 余人，经过历代增添更换，到民国时，已多达 156 人。这些配享的人原为画像，金代改为塑像，明成化年间一律改为写有名字的木制牌位，供奉在一座座的神龛中。现在两庑中陈列着历代石刻。

"老桧曾沾周雨露，断碑犹是汉文章。"东庑中保存着 40 余块汉、魏、隋、唐、宋、元时的碑刻，最为珍贵的是"汉魏北朝石刻"共 22 块。西汉石刻，首推"五凤"；东汉石刻，以"礼器"、"乙瑛"、"孔宙"、"史晨"碑为隶书珍品；北朝以"张猛龙碑"为魏体楷模。西庑内陈列的 100 多块"汉画像石刻"，也是久负盛名的艺术珍品。这些石刻内容丰富，既有神话传说的青龙、白虎、朱雀、玄武，又有反映当时社会生活的捕捞、歌舞、杂技、行医、狩猎，是研究我国汉代社会生活的珍贵资料。石刻的技法，有的细致精巧，有的粗犷奔放，各具风格。两庑北部陈列的 584 块"玉虹楼石刻"，是清乾隆年间孔子后裔孔继涑收集了历代著名书法家的手迹临摹精刻而成的。这些石刻原被弃置在曲阜"十二府"的玉虹楼下，1951 年移入孔庙，1964 年装镶展出，供书法爱好者欣赏。

大成殿

从杏坛北望，在双层石栏的台基上一座金黄色的大殿突兀凌空，双重飞檐中海蓝色的竖匾上木刻贴金的群龙紧紧团护着3个金色大字"大成殿"。字径1米，是清雍正皇帝的手书。

大成殿是孔庙的主殿，高24.8米，阔45.78米，深24.89米，重檐九脊，黄瓦飞甍，周绕回廊，和故宫太和殿、岱庙宋天贶殿并称为东方三大殿。大殿结构简洁整齐，重檐飞翘，斗栱交错，雕梁画栋，金碧辉煌，藻井枋檩饰以云龙图案，金箔贴裹，祥云缭绕，群龙竞飞。四周廊下环立28根雕龙石柱，均以整石刻成。柱高5.98米，直径0.81米，原为明弘治十三年（1500年）敕调徽州工匠刻制，清雍正二年火灾后重刻。两山及后檐的18根八棱磨浅雕石柱，以云龙为饰，每面浅刻9条团龙，每柱72条，细心的工匠在石柱上记下了雕刻的龙的总数，共1296条。前檐的10根为深浮雕，每柱两龙对翔，盘绕升腾，中刻宝珠，四绕云焰，柱脚缀以山石，衬以波涛。10根龙柱两两相对，各具变化，无一雷同，造型优美生动，雕刻玲珑剔透，刀法刚劲有力，龙姿栩栩如生。这是曲阜独有的石刻艺术瑰宝，据说清乾隆皇帝来曲阜祭祀孔子时，石柱均用红绫包裹，不敢被皇帝看到，恐怕皇帝会因雕艺超过皇宫而怪罪。大成殿的建筑艺术，显示了我国劳动人民的才华和智慧。

大成殿内正中供奉孔子塑像，坐高3.35米，头戴十二旒冠冕，身穿王服，手捧镇圭，一如古代天子礼制。两侧为四配，东位西向的是复圣颜回和述圣孔伋，西位东向的是宗圣曾参和亚圣孟轲。再外为十二哲，东位西向的是闵损、冉雍、端木赐、仲由、卜商、有若；西位东向的是冉耕、宰予、冉求、言偃、颛孙师、朱熹。四配塑像座高2.6米，十二哲塑像坐高2米，均头戴九旒冠，身手执躬圭，一如古代上公礼制。塑像都置于木制贴金神龛内，孔子像单龛，施十三踩斗栱，龛前两柱各雕一条降龙，绕柱盘旋，姿态生动，雕刻玲珑，异常精美。四配十二哲两位一龛，各施九踩斗栱。龛前都有供桌、香案，摆满祭祀时使用的笾、豆、爵等礼器。殿内还陈列着中和韶乐乐器和舞具。殿外悬有10块匾额、3副对联，门外正中是清雍正皇帝题书的"生民未有"匾额，殿内正中是康熙皇帝题书的"万世师表"和光绪皇帝题书的"斯文在兹"匾额，南面悬挂着乾隆皇帝题书的"时中立极"等匾额。每块匾额长6米多，高约2.6米，雕龙贴金，精美华丽。

寝殿

沿大成殿回廊后转，层栏围绕，又一座重檐大殿矗立，它是孔庙三大建筑之一的"寝殿"（另两大建筑为奎文阁、大成殿），是供奉孔子夫人亓官氏的专祠。

寝殿阔7间，深4间，间金妆绘，枋檩游龙和藻井团凤均由金箔贴成，回廊22根擎檐，石柱浅刻凤凰牡丹一如皇后宫室制度。殿内神龛木雕游龙戏凤，精美异常，龛内有木牌，上书"圣圣先师夫人神位"。

亓官氏，礼器碑作并官氏，宋国人，19岁嫁与孔子，先孔子7年去世。她的情况古籍很少记载，直到大中祥符元年（1008年），才被宋真宗赵恒追封为"郓国夫人"，元至顺三年（1332年）又被加封为"大成至圣文宣王夫人"，明嘉靖八年（1592年）改称孔子为"至圣先师"，她也被称为"至圣先师夫人"。孔子死后，"即孔子所居之堂为庙"，亓官氏即同孔子一起被祭祀，唐代始有寝殿专祠，早期曾有塑像，清雍正火后重修时已为神主牌位，上罩木刻神龛，龛前置供桌。

圣迹殿

圣迹殿是以保存记载孔子一生事迹的石刻连环画圣迹图而得名的大殿。此殿位于寝殿之后，独成一院，是孔庙最后的第九进庭院。殿系明万历二十年（1529年）巡按御史何出光主持修建的。孔庙原有反映孔子事迹的木刻图画，他建议改为石刻，由杨芝作画、章刻石，嵌在殿内壁上，这就是为数120幅的"圣迹图"。

圣迹图每幅约宽38厘米，长60厘米，其所表现的圣迹从颜母祷于尼山生孔子，到孔子死后子弟庐墓为止，并附有汉高祖刘邦、宋真宗赵恒以太牢祀孔子二幅。其中有人们熟知的"宋人伐木"、"苛政猛于虎"等孔子一生的主要活动和言论，是我国第一本有完整人物故事的连环画，具有很高的历史价值和艺术价值。

圣迹殿内，迎面是清康熙皇帝手书"万世师表"石刻。字下正中为唐代大画家吴道子画的"孔子为鲁司寇像"，左边是晋代名画家顾恺之画的"先圣画像"，习称"夫子小影"，据说"小影"在孔子像中最真，最接近孔子原貌。孔子四十八代孙孔端友于宋绍圣二年（1095年）摹勒上三石；右边是吴道子画的"孔子凭几像"，孔子按几而坐，弟子分侍左右。孔子四十六代孙孔宗寿于宋绍二年翻刻石上。在这些画像上，有宋太祖、宋真宗等皇帝的御赞，有宋代绍圣、政和等年号和题跋。殿内还有宋代书法家米芾篆书的"大哉孔子赞"，还有清康熙、乾隆皇帝的御制碑。

晋 祠（中国）

晋祠，我国十大寺院之一。位于山西太原市西南悬瓮山麓，是集中国古代祭祀建筑、园林、雕塑、壁画、碑刻艺术为一体的唯一而珍贵的历史文化遗产。

晋祠始建于北魏，是后人为纪念周武王次子姬虞而建，是全国重点文物保护单位之一。姬虞封于唐，称唐叔虞。虞子燮继父位，因临晋水，改国号为晋。因此，后人习称晋祠。北魏以后，北齐、隋、唐、宋、元、明、清各代都曾对晋祠重修扩建。

晋祠是具有几十座古建筑的中国古典园林游览胜地。环境幽雅舒适，风景优美秀丽，素以雄伟的建筑群、高超的塑像艺术闻名于世。游晋祠，可按中、北、南三部分进行。中，即中轴线，从大门入，自水镜台起，经会仙桥、金人台、对越坊、献殿、钟鼓楼、鱼沼飞梁到圣母殿。这是晋祠的主体，建筑结构严谨，具有极高的艺术价值。北部从文昌宫起，有东岳祠、关帝庙、三清祠、唐叔祠、朝阳洞、待风轩、三台阁、读书台和吕祖阁。这一组建筑物大部随地势自然错综排列，以崇楼高阁取胜。南部从胜瀛楼起，有白鹤亭、三圣祠、真趣亭、难老泉亭、水母楼和公输子祠。这一组楼台相峙，泉流潆绕，颇具江南园林风韵。此外，最南部还有十方奉圣禅寺，相传原为唐代开国大将尉迟恭的别墅。祠北浮屠院内有舍利生生塔一座，初建于隋开皇年间，宋代重修，清代乾隆年间重建，为七级八角形，高 30 余米，每层四面有门，饰以琉璃勾栏。登塔远眺，晋祠全景历历在目。

　　在漫长的岁月中，晋祠曾经过多次修建和扩建，面貌不断改观。南北朝时，文宣帝高洋，推翻东魏，建立了北齐，将晋阳定为别都，于天保年间（550～559年）扩建晋祠，"大起楼观，穿筑池塘"。隋开皇年间（581～600年），在祠区西南方增建舍利生生塔。唐感观二十年（646年），太宗李世民到晋祠，撰写碑文《晋祠之铭并序》，并又一次进行扩建。宋太宗赵光义于太平兴国年间（976～983年），在晋祠大兴土木，修缮竣工时还刻碑记事。宋仁宗赵祯于天圣年间（1023～1032年），追封唐叔虞为汾东王，并为唐叔虞之母邑姜修建了规模宏大的圣母殿。殿内有43尊宋代彩塑，殿前鱼沼飞梁为国内所仅见。殿内两侧为难老、善利二泉，晋水主要源头由此流出，常年不息，水温17度，清澈见底。祠内贞观宝翰厅中有唐太宗写的"御碑"、"晋祠之铭并续"。晋祠内还有著名的周柏、隋槐，周柏位于圣母殿左侧，隋槐在关帝庙

晋祠大门

内，老枝纵横，至今生机勃勃，郁郁苍苍。常流不息的难老泉和精美的宋塑 42 歌侍女像、圣母像被誉为"晋祠三绝"。

自从北宋天圣年间修建了圣母殿和鱼沼飞梁后，祠区建筑布局更大为改观。此后，铸造铁人，增建献殿、钟楼、鼓楼及水镜台等，这样，以圣母殿为主体的中轴线建筑物就次第告成。原来居于正位的唐叔虞祠，坐落在旁边，退处于次要的位置了。

圣母殿创建于宋代天圣年间（1023～1032 年）。圣母殿采用重檐歇山顶，平面广 7 间，深 6 间，殿身 5 间，周匝副阶，前廊深两间，异常宽敞，殿内无柱，内置神龛，中塑圣母，四周侍从 42 尊，仅前部设直棂窗复加柱廊。殿内的光照环境充分考虑了自然条件，殿内幽暗，前廊光线透过柱廊、斗拱愈显柔和，殿顶瓦垄密密排列，明暗相间，阴阳交错，殿前鱼沼波光粼粼，形成了富于韵律的光影效果。通过自然光，

晋祠圣母殿

透、折、控、滤等手法，利用人们的心理效应，创造了忽明忽暗、朦胧仿佛、高深莫测的感觉，使人敬意倍增。

圣母传为姬虞之母邑姜。圣母殿原名"女郎祠"，殿堂宽大疏朗，存有宋代精美彩塑侍女像 43 尊（含后补塑 2 尊），这些彩塑中，邑姜居中而座，神态庄严，雍容华贵，凤冠霞帔，是一尊宫廷统治者形象。塑像形象逼真，造型生动，情态各异，是研究宋代雕塑艺术和服饰的珍贵资料。

鱼沼飞梁建于宋代，呈十字桥形，如大鹏展翅，位于圣母殿前，形状典雅大方，造型独特，是国内现存古桥梁中仅有的一例。

金人台四尊铁人姿态英武，因铁为五金之属，人称之为"金人台"。西南隅的那尊铁人，铸于北宋绍圣四年（1097 年），已有 900 多年的历史，不但保存完整，而且神态威武，英姿勃勃，气概不凡。据说，有一年夏天气候特别炎热，身披铁甲的西南隅的铁人忍受不了这难熬的痛苦，独自走到汾河边，只见汾河滔滔而流，怎么过河呢，铁人犯了愁。正在着急，忽见从上游不远沿岸边驶下一条小船。铁人赶忙上前招呼，要求船家把他渡到对岸。船家沉吟一阵，方才慢腾腾地说："渡你一人，人太少，可再稍候一时，再等等有无旁人。"铁人一焦急，赶忙说道："你能渡过我一个，就算你有能耐啦！"船家看了看铁人说："你能有多重，一只船不止装一人，除非你是铁铸的。"话一落音，一语道破了铁人的本相。瞬间，铁人立在汾河边，纹丝不动。怎么这人不说话了？船家抬眼一看，面前立着一位铁人。多眼熟啊，嗬，可不是嘛，是晋祠的铁人。船家不敢怠慢，赶忙找了一些乡亲，把铁人抬回金人台。圣母勒令手下将领，在铁人的脚趾上连砍三刀，表示对铁人不服从戒律的惩罚。今日的铁人，脚上还留着连砍三刀的印痕。

唐碑亭，即"贞观宝翰"亭。亭内陈列唐太宗李世民手书碑刻"晋祠之铭并序"。全碑 1200 多字，书法行草，骨骼雄健，笔力奇逸含蓄，有王羲之的书法神韵，是书法艺术的珍品。

难老泉

　　难老泉，俗称"南海眼"，出自断岩层，终年涌水，生生不息，北齐时有人据《诗经鲁颂》中"永锡难老"之句起名"难老泉"。

　　在晋祠难老泉亭上方，有一座水母楼，俗称梳妆楼，别号水晶宫。楼内水母像铜质金装，端坐瓮上，束发未竟，神态自若。据传，水母姓柳，生性贤良，家住晋祠附近的金胜村，嫁到晋祠为媳。不幸的是，她嫁后横遭婆母虐待，每日到远方去挑水。挑回的水，婆母只要前桶，不要后桶，名为嫌脏，实则存心刁难。一天，柳女挑水归来，在途中遇一骑马人要借水饮马，柳女欣然应允。等柳女要返回重挑时，那人送给柳女一条金丝马鞭，并告她马鞭放在瓮中，只要轻轻向上一提，水即满瓮。柳女回去一试，果然灵验。这个秘密不久就被柳女的小姑子发现，一次她趁柳女回娘家不在，从瓮中提起马鞭，顿时，水从瓮中奔涌而出。大水很快就要淹没附近村庄，柳女正在娘家梳头，闻讯赶来，毅然坐在瓮上，水势一下变小，人们得救了，柳女——水母，从此再也没有离开水瓮。

晋祠南部的十方奉圣禅寺附近，有巨槐一株，干老枝嫩，苍郁古朴，独具一格。据传，原来这株槐树历史久远，早已干枯，也不知过了多少年，到清代乾隆二十一年（1756年）农历三月廿一日，奉圣寺内集会，人来人往熙攘非凡。恰好，有一个老道士在枯槐下叫卖，出售膏药。口里喊着："膏药灵应，能治百病，有福来买，无福不信。"叫卖半晌，没人买他的药。这位老道继续叫卖："如此仙药，来购无人，凡人无福，枯槐宜生。"说罢，他将膏药贴于枯槐身上拂袖扬长而去。说来真巧，不到一个月，这株枯槐死而复生。生枝展芽，甚为茂盛。人们见状，都惊呼这株枯槐叫复生槐。实际上，俗话说得好："千年柏、万年松，老槐一睡几百春。"这株枯槐复生，大约是因为多年长睡而碰巧苏醒的缘故。

唐太宗李世民曾以"六合为家"的英雄气魄，用"经仁纬义"的华丽文笔，对悬瓮山的雄伟，晋水的秀丽做了拟人化的评赞：

"其施惠也，则和风溽露是生，油云膏雨斯起；其至仁也，则霓裳鹤盖息焉，飞禽走兽依焉；其刚节也，则治乱不改其形，寒暑莫移其操；其大量也，则育万物而不倦，资四方而靡穷。莹氛雾而终清，有英俊之贞操。住方圆以成象，体圣贤之屈伸。日注不穷，类芳猷之无绝。年倾不溢，同上德之诚盈。"

对于晋祠的建筑及夜景，也作了诗意的描写："金阙九层，鄙蓬莱之已陋；玉楼千仞，耻昆阆之非奇。落月低于桂筵，流星起于株树。"

李白诗曰："时时出向城西曲，晋祠流水如碧玉；浮舟弄水萧鼓鸣，微波龙鳞莎草绿。"

郭沫若诗曰："圣母原来是邑姜，分封桐叶溯源长。隋槐周柏矜高古，宋殿唐碑竞炜煌。悬瓮山泉流玉磬，飞梁芊沼布葱珩。倾城四十宫娥像，笑语嘤嘤立满堂。"

林徽因说："晋祠的布置又像庙观的院落，又像华丽的宫苑，全部兼有开敞堂皇的局面和曲折深邃的雅趣。大殿楼阁在古树婆娑池流映带之间，实像个放大的私家园亭。"

《晋祠志》载："三晋之胜，以晋阳为最；而晋阳之胜，全在晋祠。"

晋祠的选址和环境是非常讲究的。自古而今，大自然不单单是人类生活物质的源泉，也是人类心智交流的对象，是人们精神的象征。"智者乐山、仁者乐水"，此话赋予自然拟人化的道德属性，并使自然之美带上了约定俗成的文化内涵。这种传统建筑与自然的和谐关系，在晋祠表现得尤为突出。自然本身就是人类最初祭祀的主要对象之一。除一般的地形、朝向、日照、防风、防洪、排水、交通等条件外，用山之峻峭，以壮其势；用水之波涛，以秀其姿，并进而增强其神秘气氛。故山神近山，水神近水，利用优势的自然条件，依山傍水，背风向阳，居高而筑，也就成了古代建筑的鲜明特色。

依山作势，高山犹如通天之路，能出风云，导雨水，润大地，长万物，育人类。所以人类与山有着自然的缘分。一方面是人对赖以生存的山林环境的热爱，另一方面是人对高山深谷、洪水猛兽的畏惧，故人们视之为神灵。《礼记·祭法》云："山林川谷丘陵，能出云，为风雨，见怪物，皆曰神。"春秋时期诸子百家的言论中，也出现了吟颂山水，景仰山水，借山比君子之德，借水喻仁人之美的山水观念。

晋祠被选择在晋阳城西南的悬瓮山麓，其背负悬山，面临汾水，依山就势，利用山坡之高下，分层设置，在山间高地上充分地向外借景，依地势的显露、山势的起伏，构成壮丽巍峨的景观。山坡上的建筑处于视觉注意力集中的焦点，其整体趋势与山体内在的向上的趋势相呼应，获得了优美的天际廓线。

凭水添姿，在人类的生活中恐怕再没有比水与人的关系更加密切的了。在古代，人们创造了许多美丽的传说，并根据自己的喜好、想象来塑造其形象，利用人们对水的崇拜来增强其信仰，结合水的形态，运用波光倒影和水质水声烘托意境，取得理想的效果。也许是由于水的纯洁、永恒、神圣的原始观念，无论东方或西方在宗教和纪念性建筑前，常设一方池水或一湾流水，来作为神俗之间的沟通。晋祠便是以泉渠水系构景的佳例。

因高借远，由于古人崇拜天而形成的传统观念的影响，高给人以接近天的神秘想象力，同时高也是表达雄伟形象的方法之一。在山川自然之中，祠宇因地制宜，"度高平远近之差，开自然峰峦之势"。依地形及景观的轮廓特征，巧为辅高设，将建筑对自然的适应与景观中优美的轮廓相统一，"因其高而愈高之，竖阁磊峰与峻坡之上；因其卑而愈卑之，穿塘凿井于下湿之区"。由于建筑手段在表达纪念性、象征性上，不像其他艺术手段那样可以具体描绘，所以往往用崇高、伟大等概念来表达，祠宇选择于高坡之上，以增强其崇高，便是这样的道理。从工程方面来讲，挖填的土方量也近于平衡，是最为经济的，而祠庙中又具备了深远丰富的层次，以至能近观咫尺于目下，远视千里于眼前。在这方面，晋祠就做得很成功。

一般的祠庙数量众多，多为小龛和单独小筑，利用环境根据不同的条件因地制宜、灵活布局，遍布于乡村之间。大型的祠庙空间布局常用主次分明，中轴对称；纵深发展，线形布置；曲径通幽，欲扬先抑；繁而不乱，气势恢宏；向心布局，横向排列等形式，而晋祠的布局则兼而有之，集众所长于一身。

晋祠圣母殿的献殿建于金大定八年（1068年），面阔进深各3间，单檐歇山顶，四架椽屋通檐用二柱，殿中前后设门，余筑坚厚槛墙，上安叉子，状如凉亭，格外通透宽敞。在圣母殿与献殿的鱼沼泉上架十字形飞梁，既有四通功用，也增加了灵透感与层次感。圣母殿前廊木雕盘龙倒影于池沼碧水之中，活灵活现。献殿是举行献礼、陈设祭品的所在，为开敞或半开敞的空间，有较好的通透性，又增加了空间层次，在举行祭典时，透过渺渺的烟雾，更有一种超凡脱俗、虚幻飘渺之感。

寝殿是祠庙中敬神祭祖的神圣场所，设于主轴线的后部，由于古人视死如生的观念，便仿照前朝后寝的形式来建造。

晋祠建造者在组织空间序列时，综合运用了各种手法，通过层层递进，主次、大小、远近、虚实、动静、明暗的对比突出了主体空间，给人以变化丰富的感受，增强了其意境的表现力；并着意处理各个空间的连接和过渡，从内部、外部组成一个连绵不断的有机整体，天空、山峦、流水、林木、瓦屋、殿宇交叠显示，时隐时现，晋祠那庄重、隶穆、神圣的气氛也愈加强烈。

晋祠是人们创造的最值得自豪的文明成果之一。它有着明确的纪念意义、很好的实用功能、高超的科技手段、浓厚的审美价值和强烈的艺术感染力。

置身于晋祠，你不能不为古人的匠心独具而赞叹。只有单纯的山水花木、亭台楼阁实在活力不大，而一切诗情画意寄情托性，还须观赏者审美心理的再创造。充分调动一切自然的、人工的条件，创造丰富的、流动的步移景异的画面，既有理性的分析，又有浪漫的想象及情景交融，这才是晋祠之美的真正所在。

解州关帝庙（中国）

解州关帝庙位于山西省运城市解州镇西关。北靠银湖（盐池），面对中条山，景色秀丽。

解州关帝庙坐北朝南，传说解州东南10千米的常平村是三国时期蜀将关羽的家乡，因此解州关帝庙也就是武庙之祖。解州关帝庙始建于隋文帝开皇九年（589年），宋、明时曾经扩建和重修，清康熙四十一年（1702年）毁于火灾，经10余年才修复。

解州关帝庙占地约6.7万平方米，平面布局分南北两大部分，南以结义园为中心，由牌坊、君子亭、三义阁、假山等组成。三义阁内有清乾隆年间镌刻的三义图，刀法细腻，线条明晰，四周桃林繁茂，很有刘、关、张"桃园三结义"的风貌。

北部为正庙，仿宫殿式布局，分前殿和后宫两个部分，前殿中轴线上依次排列着端门、雉门、午门、御书楼、崇宁殿，东西两侧有配殿崇圣祠、追风伯祠、胡公祠、木坊、碑亭、钟楼、官库等附属建筑。后宫以"气肃千秋"牌坊为照屏，春秋楼为中心，左右对称分布有刀楼和印楼。

整个关帝庙建筑，布局严谨，轴线分明，殿阁峻峨，气势雄伟。南北两大部分，自成格局，又统一和谐，前后还有廊屋百余间围护，既像庙堂，又像庭院，在全国的关庙中绝无仅有，被人誉为"小故宫"。

院内古柏参天，藤萝满树，花圃溢香，景色十分优美。关帝庙不仅

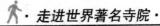

关帝庙"万代瞻仰"石牌坊

规模宏大，建筑也十分精美，主庙的大殿——崇宁殿，是供奉祭祀关羽的主殿。北宋崇宁三年（1104 年），徽宗赵佶封关羽为"崇宁真君"，因此命名。现存的建筑主要是清康熙五十七年（1718 年）的遗物，殿重檐歇山顶，面阔 5 间，进深 4 间，殿前月台宽敞，勾栏曲折，檐下额坊，雕刻富丽，斗拱密致，殿顶脊式瓦件，全为琉璃质。殿的四周有回廊，有 26 根蟠龙石柱，须眉华张，活灵活现。殿内正中有一个雕刻精巧的神龛，里边塑有帝王装关羽坐像，勇猛刚毅，端庄肃穆，神龛以外，雕梁画栋，仪仗排列，木雕云龙金柱，自基础盘绕到柱顶，怒目狰狞，两首相交，以承关圣之威严。

殿内还悬有康熙手书"义炳乾坤"横匾，咸丰手书"万世人极"门额匾，檐下有乾隆钦定"神勇"二字，整个建筑恢宏壮丽，庄严肃穆，"殿阶石柱，雕龙飞腾，庙貌宏丽，甲于天下"。

解州关帝庙的春秋楼被称为关帝庙的扛鼎之作，又称"群经阁"，始建于明万历年间，清同治九年（1870 年）重建，楼高 33 米，两层三檐歇山顶，气势磅礴，雄伟壮丽，楼上下两层皆施以回廊，四周勾栏相连，檐下木雕龙凤、流云、花卉、人物各种图案，雕工精湛，剔透有致。楼顶五彩琉璃瓦覆盖，吻兽脊刹俱备，光彩夺目，楼内底层木雕神龛 3 间，内有关羽金身坐像，龛前回廊、雀替、福扇、勾栏等均有雕刻，雕工极精。楼上的阁形龛里塑有关羽观《春秋》侧身像，像右手扶案，左手拈须，神态逼真，传说中的关羽面部七痣，在此像上仍清晰可辨。楼的东西两侧各有 36 级楼梯，第二层上，有木制隔扇 108 面，疏密相间，图案古朴，传说象征历史上山西所辖的 108 县，孔子作《春秋》至获麟而绝笔，关羽一生爱读《春秋》，故此楼以此得名。庙内还保留有万斤铜钟，钟上镂满了纹饰，十分精美。另一件铁铸焚香炉制作也十分精巧。

大悲禅寺（中国）

　　大悲禅院又名大悲院，是天津目前唯一的一座十方丛林寺院，坐落在天津市河北区天纬路。它始建的年代，无确切文献记载，据有关史料考证当为明代创建。清初经天津守备曹斌捐献修建，康熙八年（1669年）又重新修建。当时建筑规模较小，只有西院。1940年进行扩建，成今之东西两院。1949年以后，经过重新修整，增修了四周山墙，建造了僧寮。"文革"十年浩劫，大悲院遭到严重破坏，1980年开始了修复工作，并重塑全堂佛像。1983年经国务院批准为全国重点开放寺院，1986年正式对外开放。

　　现在的大悲禅院，东院由天王殿、释迦宝殿、大雄宝殿、地藏殿、玄奘法师纪念堂、弘一法师纪念堂以及讲经堂组成。西院为念佛堂、方丈室和天津市佛教协会驻所。

　　大悲院山门前有石狮一对，门额上有"真如觉场"四个大字。

　　进入山门，迎面即是天王殿。殿内中央供着笑面大肚的"南无当来下生弥勒尊佛"，弥勒尊佛背后是手执宝杵的护法天尊韦驮菩萨。殿内左右两侧为"持国"、"增长"、"广目"、"多闻"四大天王塑像。

　　穿过天王殿，便是原正殿大雄宝殿，现叫释迦宝殿。殿内正中供着明代所铸古铜鎏金千佛莲座释迦牟尼像。铜佛高5.2米，莲花座重6吨，座上有9999个小铜佛。主佛两边站立阿难、迦叶两弟子像。释迦牟尼铜像前，是一座1994年开光安放的玉质释迦牟尼佛造像，高1.6

大悲禅院山门

米，重 888 千克，是由新加坡郑国川居士捐赠，经香港转运而来。殿内
两侧有十八罗汉坐像，高 2 米，神态逼真。左后屋角供"文殊菩萨"，
右后屋角供"普贤菩萨"。释迦牟尼佛祖像背面供奉的是观世音菩萨，
善财童子和龙女各侍左右。

　　大雄宝殿后面是新建的大雄宝殿。殿内供奉缅甸玉佛 3 尊，每尊通
高 5 米，重达 30 吨，为北方玉佛之最。东西配像为护法二十诸天圣像，
倒座正中为千手千眼观世音像，两侧塑"六圣"观音法像，突显大悲禅
院为观音道场。

　　大殿西侧是地藏殿，正中供奉的是地藏菩萨，右侧供奉本院圆寂的
历代住持和尚及十方僧众觉灵等众莲位，左侧是一些居士信徒众莲位。
大悲殿东侧是讲经堂，内供观世音菩萨、南天消灾延寿药师佛、南海观
音石刻像。

　　大殿的两侧设有玄奘法师纪念堂和弘一法师纪念堂。

玄奘法师纪念堂位于大悲殿右侧,与左侧的弘一法师纪念堂正好对称,是为供奉唐代高僧玄奘大师的顶骨而设置的专室。纪念堂供奉着高约 2 米的玄奘法师绣像,供桌上的高约 1.2 米的莲座金色塔,象征以往供奉玄奘法师灵骨的史实和因缘。

　　玄奘法师纪念堂供有复制的明代绝版的玄奘画像,并介绍了他的生平和事迹,也陈列了他的部分经书和著作。玄奘法师的 6 块灵骨中的一块原在大悲院中供奉。1956 年,作为中印传统友谊的象征,玄奘灵骨移供印度那烂陀寺。现在纪念堂内,还设有一个供奉玄奘顶骨的模拟塔,塔内顶骨以照片代替。

　　玄奘法师纪念堂还展示着"玄奘法师生平业迹"、"玄奘法师西行求法路线图"、"玄奘法师译经年代表"以及"关于玄奘顶骨"等文字说明资料。同时还陈列着玄奘法师主译的部分经论与典籍,并珍存许多有关

弘一法师纪念堂

玄奘法师生平事略及其墓塔、灵骨等照片文献。

弘一法师纪念堂位于大悲禅院内的大悲殿西侧偏室。堂门前悬挂老居士龚望用鸡毫所书的汉隶"弘一法师纪念堂"金字匾额。纪念堂内正中悬挂着中国著名大画家徐悲鸿先生为弘一法师所作的油画肖像的仿制品。画像前设案,案上供奉弘一法师盘膝端坐的铜像,高约1米,神情安逸,满面慈祥,为弘一法师得意高足广洽法师所捐制。弘一法师像左右悬挂楹联一副,上联是:"发心来正觉",下联是:"忘己济群生",两端是影印法师的手书《阿弥陀经》的前后段。

纪念堂两侧悬有玻璃镜,有法师生平简介、《华严经偈》影印件、翻照的大师玉照以及书法篆刻影印件。有展柜4个,陈列大师手书佛经、著述的影印件,另有今人所作弘一法师年谱、传记、纪念文章等书件,供瞻拜和怀念。

弘一法师(1880～1942年)俗家姓李,名文涛,字叔同,又名成蹊、岸,别号息霜。原籍浙江平湖,生于天津。李叔同天资颖慧,除善诗文、书法、篆刻之外,尚能精鉴古物,通晓音律、戏剧,曾赴日本留学,在东京学习西洋绘画和音乐,是中国现代话剧、绘画、音乐的奠基人之一。1918年,李叔同在杭州虎跑寺落发出家,法名演音,法号弘一。同年9月在灵隐寺受具足戒,一心学佛,专研戒律,有"南山律宗大师"之称,著有《四分律比丘戒相表记》,是声播海外的一代高僧,1942年10月13日于中国泉州圆寂。

法师的故居也临近大悲禅院,法师生于此地,学于此地,在古刹大悲禅院建纪念堂,是很有意义的。许多乡人前来瞻仰参拜,国内外知名人士也有不少前来晋谒。1990年在天津市河北区弘一法师故居建起了《李叔同书法碑林》,并铸有坐像;1992年成立了"李叔同研究会"。

本篇简介

Benpian
Jianjie

我国第一座"为国开堂"的"皇家寺院",为汉传佛教十大名寺之一。建筑宏伟,寺藏丰富,在世界佛教界享有盛名。

大相国寺(中国)

开封大相国寺始建于北齐天保六年(555 年),位于著名文化历史名城、七朝古都开封的市中心。该寺历史悠久,是我国汉传佛教十大名寺之一,在中国佛教史上有着重要的地位和广泛的影响。

大相国寺至北宋时期达到空前的鼎盛,辖 64 禅、律院,占地 36 万平方米,因受帝王崇奉,地位如日中天,是为我国历史上第一座"为国开堂"的"皇家寺院"。

唐代,日本高僧空海赴长安学习佛法,曾寄居大相国寺。回日后,他在弘扬佛法的同时,创造了日本文字"片假名"。宋代,每逢海外僧侣来华,皇帝多诏令大相国寺接待;四方使节抵汴,必定入寺巡礼观光。宋神宗时,日僧成寻曾率弟子前来巡拜。日本佛教界出于对大相国寺的钦慕,在京都也设立了相国寺,并承中土佛教之风,将禅寺中高等级者列为"五山十刹"。

明崇祯十五年(1642 年),大相国寺在一次人为的黄河决口中被大水淹没。清顺治十八年(1661 年)和乾隆三十一年(1766 年)皇帝下诏两次重修,乾隆皇帝亲题"敕建相国寺"匾额。道光二十一年(1841年)黄河决口,大相国寺再遭厄运,损毁严重。新中国成立后,依循古制,几度维修,宝刹重光,再现辉煌。大相国寺自 1992 年起恢复佛事活动,并复建了钟鼓楼、放生池、山门殿、牌坊等建筑。

大相国寺历史上可谓高僧辈出,名士荟萃,建筑宏伟,寺藏丰富。

唐代画家吴道子，以及著名文豪和思想家苏轼、王安石等，都曾在该寺留有辉煌足迹。《水浒传》"鲁智深倒拔垂杨柳"的故事，更是家喻户晓。另外，寺院"资圣熏风"、"相国钟声"之景观，也名列"汴京八景"之中，名闻遐迩。现存寺院建筑，乃清顺治十八年（1661 年）和乾隆三十一年（1766 年）修建，其院落深广，殿宇恢宏，雄风犹存，是古城开封标志性人文景点及对外开放的窗口，也是中外游人及十方香客参观游览和朝拜的圣地。

相国寺原为魏公子无忌信陵君的故宅。北齐文宣帝天保六年（555 年）始创建寺院，称为建国寺，后毁于战火。唐长安元年（701 年），僧人慧云来汴，托辞此处有灵气，即募化款项，购地建寺。动工时挖出了北齐建国寺的旧牌子，故仍名建国寺，唐延和元年（712 年），唐睿宗李旦为了纪念他由相王即位当皇帝，遂钦赐建国寺更名为"相国寺"，并亲笔书写了"大相国寺"匾额。

天王殿五间三门，飞檐挑角，黄琉璃瓦盖顶，居中塑有一尊弥勒佛坐像，慈眉善目，笑逐颜开，坐在莲花盆上。据说，他就是未来佛，两亿四千年后将作为释迦牟尼的接班人降至人间。两侧站着四大天王，他们个个圆目怒睁，虎视眈眈，大有灭尽天下一切邪恶之势。持珠握蛇者为广目天王，他以站得高、看得远而得名；手持红色宝伞者是多闻天王，他以闻多识广著称；持宝剑者是增长天王，他希望世间善良的心、善良的根大大地增长起来；最后怀抱琵琶的是持国天王，他弹奏着八方乐曲，护持着万国和平。

天王殿北边是一片花园假山，景致幽雅，颇有"曲径通幽处，禅房花木深"之妙。再往北走，便是赫赫有名的正殿——大雄宝殿。大殿重檐斗拱，雕梁画栋，金碧交辉。大殿周围是青石栏杆，雕刻着几十头活灵活现的小狮子，令人喜爱。

过了大雄宝殿，便是罗汉殿了，俗称"八角琉璃殿"，它结构奇特，系八角回廊式建筑，别具一格，世所罕见。殿内回廊中有大型群像"释

大相国寺之大雄宝殿

迦牟尼讲经会", 姿态各异、造型生动的五百罗汉或在山林之中, 或在小桥流水间, 或坐或卧, 或仰头, 或俯首, 形态逼真, 情趣无限, 堪称艺术杰作。罗汉殿中间, 有一木结构八角亭高高耸立, 内有一尊四面千手千眼观音木雕像, 高6.6米, 是在乾隆年间由艺术巨匠用一株白果树雕刻而成, 每面有6只大手, 200余只小手, 手心有一只慧眼, 总共1000余只, 故名千手千眼佛。

藏经楼位于整个寺院的后半部, 是一座两层楼阁的建筑, 雕梁画栋, 富丽堂皇。现在该楼为开封书画院的活动场所, 楼上楼下布满了各种风格的书法和绘画作品, 供游人观赏选购。

寺内东角有个亭子, 亭子内有悬铜钟一口。高2.67米, 重5000余千克, 铸于清乾隆三十三年（1768年）, 是该寺的珍贵文物。该钟霜天一杵，钟声悠扬深远，声震全城，因此"相国霜钟"为汴京八景之一。如今的相国寺，不仅以它古往今来的盛名为人们所向往，而且成了开封元宵观灯，重阳赏菊、盆景观赏、花鸟鱼博览及各种文化娱乐中心之一，每天吸引着成千上万的中外游人，吸引着众多的中外僧侣和使者前来参拜和切磋佛法。

大相国寺作为一座弘扬佛教文化、对外开放的旅游胜地，现已添置了宝鼎、隆藏经等。每逢新年伊始，瑞气旋升，大相国寺都要举行元宵灯会。鼓响灯炽，火树银花，古老的寺院在灿烂的灯火辉映下，充盈着国泰民安的祥和之光。文娱活动，异彩纷呈；人流涌动，摩踵接肩；红男绿女，扶老携少，或欣赏巧夺天工的灯饰，或参加丰富多彩的游艺活动，尽情享受着节日的欢欣。每逢金秋十月，寺满黄花，城满芬芳，随着开封市菊花花会的开幕，一年一度的水陆法会，又在对世界和平、人民安乐的真诚的祈祷声中拉开序幕。梵音雄浑，祈祝五谷丰登、百业兴旺、国家强盛、万世太平；霜钟扣击，声震八方，法轮常转，佛日增辉，千年古刹，再获新生。

大相国寺现存来自马来西亚的佛舍利一粒，洁白完好，珍藏佛经两部，分别为清乾隆版《大藏经》和日本版《大正藏》，更为该寺增色不少。

有"关中塔庙始祖"之称，因舍利而置塔，因塔而建寺。寺中供奉有佛祖释迦牟尼指骨舍利。

法门寺（中国）

法门寺位于陕西省扶风县城北 10 千米处的法门镇，东距西安市 110 千米，西距宝鸡市 90 千米。始建于东汉末年恒灵年间，距今约有 1700 多年历史，有"关中塔庙始祖"之称。

法门寺因舍利而置塔，因塔而建寺，原名阿育王寺。释迦牟尼佛灭度后，遗体火化结成舍利。公元前 3 世纪，阿育王统一印度后，为弘扬佛法，将佛的舍利分成 84000 份，分送世界各国建塔供奉。中国有 19 处，法门寺为第五处。公元 558 年，北魏皇室后裔拓跋育曾扩建，并于元魏二年（494 年）首次开塔瞻礼舍利。隋文帝开皇三年（583 年）改称"成实道场"，仁寿二年（602 年）右内史李敏二次开塔瞻礼。唐高祖李渊武德七年（625 年）敕建并改名"法门寺"。唐贞观年间曾 3 次开塔就地瞻礼舍利。原塔俗名"圣冢"，后改建成四级木塔。高宗显庆年间修成瑰琳宫二十四院，建筑极为壮观。

唐代 200 多年间，先后有高宗、武后、中宗、肃宗、德宗、宪宗、懿宗和僖宗 8 位皇帝六迎二送供养佛指舍利。每次迎送声势浩大，朝野轰动，皇帝顶礼膜拜，等级之高，绝无仅有。据史载"三十年一开，则岁丰人和"，可干戈平息，国泰民安，风调雨顺。咸通十五年（874 年）正月四日，唐僖宗李儇最后一次送还佛骨时，按照佛教仪规，将佛指舍利及数千件稀世珍宝一同封入塔下地宫，用唐密曼荼罗结坛供养。唐代诸帝笃信佛法，对舍利虔诚供养，寺院大小乘并弘，显密圆融，使法门寺成为皇家寺院及举世仰望的佛教圣地。佛塔被誉为"护国真身宝塔"。

　　宋代法门寺承袭了唐代皇家寺院之宏阔气势，被恢复到最大规模，当时仅二十四院之一的"浴室院"即可日浴千人。宋徽宗曾手书"皇帝佛国"四字于山门之上。金元之际，法门寺仍是关中名刹，"藏经碑"中有寺僧抄写大藏经5000卷之记载。金人也刻"诗碑"盛赞其寺塔："三级风檐压鲁地，九盘轮相壮秦川。"明清以后，法门寺逐渐衰落。明隆庆三年（1569年），历经数百年历史的唐代四级木塔崩塌。明神宗万历七年（1579年），地方绅士杨禹臣、党万良等捐资修塔，历时30年建成八棱十三级砖塔，高47米，极为壮观。清顺治十一年（1654年），因地震塔体倾斜裂缝。民国二十八年（1939年）在爱国志士朱子桥先生的主持下，完成了晚明以来最大规模的维修。文革期间，红卫兵欲挖地开塔，良卿法师点火自焚，用自己的生命保护

法门寺

了塔下珍宝。

1981年8月24日，宝塔半边倒塌。1986年政府决定重建，1987年2月底重修宝塔。适逢四月初八佛诞日，"从地涌出多宝龛，照古腾今无与并"，在沉寂了1000多年之后，2000多件大唐国宝重器簇拥着佛祖真身指骨舍利重回人间。地宫内出土的稀世珍宝，在中国社会政治史、文化史、科技史、中外交流史、美术史等方面的研究上，都具有极其重要的价值。1988年，法门寺正式开放并举办了国际性的佛指舍利瞻礼法会。海内外诸山长老及各界代表共300余人参加法会。十多年来，法门寺在时任方丈澄观、净一法师的住持下，相继建成大雄宝殿、玉佛殿、禅堂、祖堂、斋堂、寮房、佛学院等仿唐建筑。

法门寺出土的重器文物创造了10个世界之最：

1. 地宫出土的佛指舍利，是世界上目前发现的有文献记载和碑文证实的释迦牟尼佛真身舍利，是佛教世界的最高圣物。

2. 法门寺地宫，是世界上目前发现的年代最久远、规模最大、等级最高的佛塔地宫。

3. 地宫文物陈列方式，是世界上目前发现的最早的唐代密宗之金胎合曼曼荼罗。

4. 地宫出土27000多枚钱币中，13枚玳瑁开元通宝是世界上目前发现的最早的、绝无仅有的玳瑁币。

5. 地宫出土的一整套宫廷茶具，是目前世界上发现的年代最早、等级最高、配套最完整的宫廷茶具。

6. 地宫中出土的双轮12环大锡杖，长1.96米，是目前世界上发现的年代最早、体型最大、等级最高、制作最精美的佛教法器。

7. 地宫中发现的13件宫廷秘色瓷，是世界上目前发现的年代最早，并有碑文证实的秘色瓷器。

8. 地宫中发现的700多件丝织品，几乎囊括了唐一代所有的丝绸品类和丝织工艺,堪称唐代丝绸的宝库,是唐代丝绸考古的空前大发现。

9. 盛装第四枚佛指舍利的八重宝函,是世界上发现的制作最精美、层数最多、等级最高的舍利宝函。

10. 安奉第三枚佛祖真身舍利的鎏金银宝函,上面錾刻金刚界45尊造像曼荼罗,是目前世界上发现的最早的密宗曼荼罗坛场。

2006年5月25日,法门寺遗址作为南北朝至清古遗址,被国务院批准列入第六批全国重点文物保护单位名单。

鸡鸣寺（中国）

　　鸡鸣寺位于南京鸡笼山东麓山阜上，又称古鸡鸣寺，是南京最古老的梵刹之一。鸡鸣寺始建于西晋，清朝康熙年间曾对鸡鸣寺进行过两次大修，并改建了山门。康熙皇帝南巡时，曾登临寺院，并为这座古刹题书"古鸡鸣寺"大字匾额。

　　七层八面的药师佛塔，为1990年重新建造，是鸡鸣寺历史上的第五座大佛塔，塔高约44米。此塔被称为"消灾延寿药师佛塔"，含国泰民安和为香客、游人消灾延寿的祝祷之意。宝塔南面正门上额题"药师佛塔"四个大字，系中国佛教协会前会长赵朴初的手迹。

　　乾隆十五年（1751年），地方官为了迎接皇帝和太后南巡，又重建了凭虚阁，作为驻跸行宫，乾隆也为这座古寺题写了匾额和楹联。清

南京鸡鸣寺

咸丰年间，该寺毁于兵火。同年间重修，仅有房屋 10 余间，中间是小院，前面是正殿。同治六年（1867 年），寺僧西池等募资修建了观音楼，楼内供着普渡众生、大慈大悲的观音菩萨。有趣的是，鸡鸣寺的观音与众不同，为一尊倒坐观音菩萨像（面朝北而望），佛龛上的楹联道明原因："问菩萨为何倒坐，叹众生不肯回头。"鸡鸣寺因而又称为观音阁、观音楼。光绪二十年（1894 年），两江总督张之洞又将殿后经堂改建为"豁蒙楼"，并手书匾额。1958 年鸡鸣寺改为尼众道场。"文化大革命"期间，鸡鸣寺遭到严重破坏。1979 年，政府为了保护名胜古迹，落实宗教政策，决定重建鸡鸣寺。1983 年以来，在方丈宗诚法师领导下，寺庙修复了头山门、观音殿、大雄宝殿、豁蒙楼、景阳楼、韦陀殿、弥勒殿、志公台、念佛堂、药师佛塔、藏经楼、法堂、客堂等，1985 年鸡鸣寺重新对外开放，随后又逐步修了大山门、毗卢宝殿、钟楼、鼓楼、放生池等建筑。自开放以来，鸡鸣寺沟通了与港台以及海外佛教界的联系，常有佛教使团访问该寺，交流佛教文化，增进彼此了解。

1987 年，陆丰定光寺释达观和尚几经跋涉，寻到鸡鸣寺旧址，决心师承印真复建鸡鸣寺。翌年农历五月二十六日成立鸡鸣寺筹建理事会，年底由广东潮州开元寺释定持方丈主持，举行奠基典礼。1989 年农历三月十七日，由开元寺堂主释弘歉法师和南岩寺住持释弘如法师举行重建动工仪式。1999 年底，广东省佛协副会长、光孝寺首座大和尚释宏满被聘为该寺方丈。现鸡鸣寺已初具规模，建成恢宏壮丽、气象庄严的大雄宝殿，殿内奉祀三宝佛。并先后建成外山门、三大士阁、钟鼓楼、禅房、素菜馆等，占地面积约 5 万平方米。

灵 隐 寺（中国）

　　灵隐寺，中国佛教著名寺院，又名云林寺，位于浙江省杭州市西湖西北面，在飞来峰与北高峰之间灵隐山麓中，两峰夹峙，林木耸秀，云烟万状，是一处古朴幽静、景色宜人的游览胜地，也是江南著名古刹之一。

　　灵隐寺创建于东晋咸和元年（326 年），至今已有 1600 余年的历史，为杭州最早的名刹。当时印度僧人慧理来到杭州，看到这里山峰奇秀，认为是"仙灵所隐"，所以就在这里建寺，取名"灵隐"。五代时吴越国王钱叔崇信佛教，广建寺宇，促使灵隐寺规模扩大为九楼、十八阁、七十二殿堂，僧徒达 3000 余众。北宋时，有人品第江南诸寺，气象恢宏的灵隐寺被列为禅院五山之首。灵隐寺确实深得"隐"字的意趣，整座雄伟寺宇就深隐在西湖群峰密林清泉的一片浓绿之中。寺前有冷泉、飞来峰诸胜。清康熙南巡时，登寺的北高峰顶揽胜后，即兴为灵隐寺题匾，"灵"字繁体为上面一"雨"字，中间横排三个"口"字，最下面一个"巫"字，他欢喜之余，把上面的雨字写得太大，差点就下不了台。他突然想起在北高峰上时看到山下云林漠漠，整座寺宇笼罩在一片淡淡的晨雾之中，有云有林，显得十分幽静，于是灵机一动，顺势在雨字下加一云字，赐灵隐寺名为"云林禅寺"。现在天王殿前的那块"云林禅寺"四字巨匾，就是当年康熙皇帝的"御笔"。灵隐寺自创建以来，曾毁建 10 余次，1956 年和 1975 年两次整修，形成了现在的规模。

烟雾缭绕中的灵隐寺

　　今日灵隐寺是在清末重建基础上陆续修复再建的，灵隐寺布局与江南寺院格局大致相仿，全寺建筑中轴线上依次为天王殿、大雄宝殿、药师殿。

　　天王殿正中面朝山门的佛龛供奉弥勒佛像，袒胸露腹，趺坐蒲团，笑容可掬；背对山门的佛龛供奉的是佛教护法神韦驮雕像，像高 2.5 米，头戴金盔，身裹甲胄，神采奕奕。这尊雕像以香樟木雕造，是南宋留存至今的珍贵遗物。天王殿两侧是四大天王彩塑像，高各 8 米，个个身披重甲。其中两个形态威武，两个神色和善，俗称四大金刚。

　　正面是大雄宝殿，原称觉皇殿，单层三叠重檐，气势嵯峨，重檐高 33.6 米，十分雄伟。大殿正中是一座高 24.8 米的释迦牟尼莲花坐像，造像"妙相庄严"、"气韵生动"，颔首俯视，令人景仰，这是我国最高大的木雕坐式佛像之一，是一件不可多得的宗教艺术作品。正殿两边是二十诸天立像，殿后两边为十二圆觉坐像。大殿后壁有"慈航普渡"、

"五十三参"海岛立体群塑，共有佛像 150 尊；正中为鳌鱼观音立像，手执净水瓶，普渡众生；下塑善财童子及其参拜观音的故事，善财童子参拜名师 53 位，参拜第二十七位菩萨观音而得道成佛。观音两侧为弟子善财与龙女，上有地藏菩萨，再上面是释迦牟尼雪山修道的场景：白猿献果、麋鹿献乳，整座佛山造型生动，很有艺术价值。灵隐寺的原释迦牟尼佛像，于 1949 年大雄宝殿正梁因白蚁蛀空倒塌时被毁。现在这座佛像是在 1953 年重修寺宇时，由浙江美术学院的雕塑家和民间艺人们采用唐代禅宗佛像为蓝本共同精心设计的。佛像高 19.6 米，比原先的释迦造像高一倍多，用近百块香樟木雕成。佛像造型端庄凝重，气宇轩昂，低眉细目，极具风采。

药师殿为近年重建，殿中供奉药师佛像及日光天子、月光天子。殿左，有重建的罗汉堂，陈列五百罗汉线刻石像。巍巍殿宇，森森古木，伴随着一批珍贵文物古迹。天王殿前，左右各有石经幢一座。两经幢都有《天下兵马大元帅吴越国王建，时大宋开宝二年己巳岁闰五月》题记。大雄宝殿前月台两侧各有一座八角九层仿木结构石塔，塔高逾 7 米，塔身每面雕刻精美，经古建筑专家梁思成生前考定，两石塔亦雕造于吴越末年。灵隐寺珍藏的佛教文物，有古代贝叶写

灵隐寺旁的飞来峰

经、东魏镏金佛像、明董其昌写本《金刚经》、清雍正木刻本龙藏等等，都是弥足珍贵的宝物。

灵隐寺旁的飞来峰，也是杭州的名胜，是灵隐地区的主要风景点。飞来峰不仅风景美，而且是我国南方古窟艺术重要地区之一。在青林洞、玉乳洞、龙泓洞、射阳洞以及沿溪涧的悬崖峭壁上，有五代至宋、元年间的石刻造像 330 余尊。其中最引人注目的，要数那喜笑颜开、袒胸露腹的弥勒佛。这是飞来峰石窟中最大的造像，为宋代造像艺术的代表作，具有较高的艺术价值。

游人自"咫尺西天"照壁往西进入灵隐，先至理公塔前小驻。理公塔为慧理和尚骨灰埋葬之处，此塔高 8 米余，八角七层，是一座石塔，位于飞来峰岩旁，与周围景色颇为协调。往右过春淙亭，一道红墙暂将灵隐寺遮住，左边便是飞来峰与冷泉，在泉边漫步，景色幽深，引人入胜。

唐时冷泉上有五座亭子，后因山洪四亭俱毁，冷泉也于明万历年间移建岸上。现有"壑雷"、"冷泉"二亭。亭建于宋代，苏东坡有诗"不知水从何处来，跳波赴壑如奔雷"，亭因诗得名。冷泉亭上有一副对联"泉自几时冷起，峰从何处飞来"写得很有意趣。过冷泉，灵隐古刹即在眼前。

极 乐 寺（中国）

福建极乐寺

福建极乐寺，位于福建省宁德市古田县翠屏湖畔，倚山傍水，环境清幽，是闽东著名古刹之一。翠屏湖面积为 37.1 平方千米，最大蓄水量 6 亿多立方米，湖中分布着 24 个自然岛屿。

极乐寺始建于唐天宝元年（742 年），历经唐、宋、元、明、清、民国，至今已有 1000 多个春秋，由于历史悠久，沧桑多变，几经兴废，1937 年，由当时全国佛教协会会长圆瑛法师和居士胡震（古田县商会会长）募缘重建。"极乐寺"三个字，是当年闽籍国民政府主席林森手笔；山门对联"得到此中真极乐，不知何处是西天"，为圆瑛法师所题。今天，极乐寺有幸喜逢盛世，在政府有关部门关怀和海内外信众献资出力下，极乐寺仿照大丛林规制重建，初具规模，为千年古刹重光奠定了基础。

极乐寺由大雄宝殿、天王殿、祖师殿、伽蓝殿、三圣殿、放生池等组成，宏伟壮观。"大雄宝殿"四字为当时全国佛教协会会长赵朴初所题，天王殿匾额则是旅京闽籍书法家虞愚手书。该寺珍存弥陀、势至、观音 3 尊铜像和印度玉佛一尊，造型精美，有较高的艺术和文物价值。

近年来，海外侨胞先后捐建山门、地藏殿、方丈室等建筑。1990 年，古田县佛教协会又筹资兴建爱国高僧邑人圆瑛法师纪念堂于寺内，由赵朴初会长亲题匾额。

在原址规模上重建的极乐寺主体建筑群，座西北朝东南，依山傍水、庄严古朴、气势磅礴。占地面积200多亩的规划区内分成佛教、商旅、生态园林、绿化景区和塔院五大功能区布置。规划设计采用仿唐岭南派园林寺庙和仿古建筑风格，既体现佛教崇高的地位与庙相的庄严，又体现风景旅游胜地的自然亲切。重建后的建筑群体高低起伏、错落有致，加上园林化的点缀处理，营造出一个优美、典雅的宗教文化氛围，给人一种空灵净化的感觉。

黑龙江极乐寺

黑龙江极乐寺，位于黑龙江哈尔滨市，创建于1924年，与长春般若寺、沈阳慈恩寺、营口楞严寺并称为东北四大佛教丛林。寺院分主院、东院、西院三部分，占地2.6万平方米。主院东有钟楼，西有鼓楼，建筑分天王殿、大雄殿、三圣殿及藏经楼四殿，收藏有影印宋版《碛砂藏》、《频伽藏》、《大正藏》、《龙藏》、《续藏》等，以及各式铜质弥勒佛像、五百罗汉图等。

东院的七级浮屠塔，系八角七层楼阁式砖塔，高30米。塔的正面与地藏殿紧连。塔与殿前，东西各设两层塔式钟鼓

黑龙江极乐寺

楼。此种塔、殿蝉联的布局方式，别具一格，为国内所罕见。殿与塔之内壁，均有佛教故事壁画。塔身设有拱形佛龛，塑罗汉浮雕 30 余尊，塔身精细的木雕与装饰，有中国民间艺术的情趣，又糅合些许西方建筑的风格。

马来西亚极乐寺

马来西亚极乐寺，位于马来西亚槟榔屿州，坐落在槟城以南约 6 千米的白鹤山上，是马来西亚最大的佛寺。自山脚至山门有数百级石阶，寺庙建筑错落别致，宏伟壮观。1898 年由中国僧人妙莲建造，1920 年竣工，占地 12 万平方米。寺内布有大雄宝殿、天王殿、法堂、斋堂、藏经阁、香积厨、钟鼓楼、莲花池、放生池等。寺庙依山而建，苍松翠柏，错落其间。长廊依山随石阶蜿蜒而上至山门，门内有莲花池，一巨石立于池中，石上有康有为 1900 年 6 月的题词："勿忘故国"。石阶边的石壁上刻有章太炎等人的题词和题诗。藏经阁中存放着佛教三藏经典，阁楼墙壁上挂有光绪帝敕赐槟榔屿鹤山极乐寺规条。寺院后有座万佛宝塔，高约 30 米，共 7 层，每层都有佛像。塔基为中国式，中层为泰国式，塔顶为缅甸式，集亚洲佛塔形状于一身。

北京极乐寺

北京极乐寺，位于北京海淀区东升乡五塔寺东约 500 米处，临高梁河。

一说为元代至元年间（1335～1340 年）所建，另说为明成化年间（1465～1487 年）所建。寺坐北朝南，原分 3 路，中路有山门、前殿、正殿及东西配殿。正殿后为达本和尚塔，东跨院是花园，有寄心斋、池塘等景观，西跨院为僧房。寺内曾有明嘉靖二十八年（1549 年）《创建极乐禅林记》碑，为大学士严嵩撰书。碑阳刻有明万历五年（1577 年）《极乐寺护持香火坟茔碑记》。今存正殿和正殿耳房。

位于北京极乐寺内的国花堂,明朝时期就是观赏牡丹的好去处。尽管不是国花,但可能因为上至天子、下至平民百姓都对牡丹花情有独钟,因而极乐寺内的牡丹园被命名为国花堂。

四川江油极乐寺

明代中期(1500年左右)所建成的极乐寺位于四川江油市武都镇观雾山腰处,东临涪江,与窦圌山对峙,庙宇雄伟,计百余间。清咸丰二年(1852年)至民国七年(1918年),先后进行过多次维修。重檐歇山式木构建筑万佛楼,柱础石狮,雕工精细,楼内1000尊楠木雕刻佛像,工艺精湛;大雄宝殿供奉一尊白玉坐佛,楼上四周有壁画,殿前有"龙泉"饮水处。

1985年,又对极乐寺进行了维修,并新建了观音殿、天王殿,修复了灵官殿和亭阁。新修了沿山混凝土梯踏步,周围植树万余株。

极乐寺右边山腰,增建了海灯法师的灵骨塔。

四川佛头山极乐寺

在川东北流传着一首民谣:"山是一座佛,佛是一座山,山中有佛,佛中有山。"这首民谣所唱的就是四川巴中市平昌县佛头山的生动写照。

站在东南方向远眺,佛头山俨然一座倚天大佛。大佛以蓝天为幕布,以白云做莲花,通天达地,气象恢宏。山中苍松叠翠,若大佛身披袈裟,衣折分明。微雨过,山风拂,白云起,满天云山与佛头山相照,连绵无际,蔚为大观。

佛头山佛缘深广,上有宝光寺,中有极乐寺、佛山寺,下有古佛洞,山中保留着珍贵的唐代摩崖造像,佛祖释迦牟尼、观音大士、玉皇大帝、女娲娘娘等诸神佛,栩栩如生,古意盎然。东南山岭上,还有古寺,名曰华严。惜已尽毁,仅余遗址。

佛头山历史悠久,关于它的传说甚多,其中流传最广、影响最深的当数"佛头童子斩孽龙"的故事。相传在很久很久以前,有两条孽龙经常在巴河兴风作浪,一黑一白,神出鬼没,肆无忌惮。沿河两岸的百姓,日日惊恐,饱受其害,怨声载道,却无可奈何。只有日日求菩萨保佑,以解乡邻出水深火热。所谓"金诚所至,金石为开",菩萨被诸乡邻诚挚所感,特遣佛头童子下界惩治孽龙。佛头童子奉命至巴河边查看,时值夏秋之交,倾盆大雨,一连数日不歇,巴河水暴涨,波涛汹涌,洪峰迭起。黑白孽龙却于此时浮出水面,以邪法推波助澜,水势愈加无忌,径直扑向两岸,沿岸百姓,四下奔逃,危在旦夕。佛头童子见此情状,即现怒目金刚之相,手持宝剑,大喝一声,跃进风浪滔滔的大巴河,与黑白孽龙激战开来。两条孽龙张牙舞爪,或吐水,或摆尾,或夹击……佛头童子挥舞宝剑,轻盈地左右冲突,以大智慧同孽龙周旋。大战数百回合之后,白龙见久战不下,心生退意,佛头童子果断地飞出一剑,朝白龙砍去。这一剑,力道沉稳,不偏不倚,正中脖颈之上。随着孽龙一声惨叫,龙头已飞向东北方向十里以外,便化作了一座山峰,这就是白顶子山。龙尾则甩出更远的地方,化作了如今镇龙境内的龙尾山。黑龙见大势已去,落荒而逃。佛头童子乘势追击,黑龙慌不择路,疾奔于西北,佛头童子步步紧逼。黑龙顾头不顾尾,一头扎进峡谷里,訇然一声,黑龙掘开一地窟,遁入地下,童子将宝剑奋力掷下,地上阴河涌出,旋即形成一方深水潭,这就是现在的龙潭。此时佛头童子已然遍体鳞伤,疲惫缓步行至江阳岸边,打了个盹,这一打盹,未曾再醒,竟化作了如今这佛头山。也许这正是天意,一座佛头山,永镇巴河畔,得保一方平安。

本篇简介 **B**enpian **J**ianjie 藏传佛教格鲁派六大寺院之一，为安多地区第一名刹。建筑规模宏大，气势雄伟。

拉卜楞寺（中国）

拉卜楞寺位于甘肃省甘南藏族自治州夏河县城西，是藏传佛教格鲁派六大寺院之一。

至 1949 年前夕，拉卜楞寺有经堂 6 座，大小佛殿 48 座。其中七层楼 1 座，六层楼 1 座，四层楼 4 座，三层楼 8 座，二层楼 9 座，镏金铜瓦顶 4 座，绿色琉璃瓦顶 2 座，嘉木样大师及各大昂欠的藏式楼房 31 座，各个昂欠活佛住舍 30 院，吉哇院 6 所，大厨房 6 所，印经院 1 所，讲经院 2 处，嘉木样别墅 2 处，经轮房 500 余间，普通僧舍 500 多院，各种塔若干座以及牌坊等各种建筑，共占地面积 67 万平方米。整个建筑气势雄伟，鳞次栉比，错落有致，堪称安多地区第一名刹。这些建筑可分为石木结构和土木结构两类，外石内木，有"外不见木，内不见石"之说。建筑形式有藏式、汉宫殿式和藏汉混和式。

全寺共有六大经堂，最大的是闻思学院经堂，又称大经堂，是"磋钦措兑"会议的场所，为全寺之中枢。一世嘉木样初建时，只有 80 根柱子，1772 年二世嘉木样扩建为 140 根柱子，可容纳 3000 僧人诵经。1946 年，五世嘉木样又建了前殿院，至此，大经堂成为有前殿楼、前庭院、正殿和后殿共数百间房屋，占地 6000 多平方米的全寺最宏伟的建筑。前殿楼为大屋顶式建筑，顶脊有宝瓶、法轮等饰物，楼上供吐蕃赞普松赞干布之像，楼上前廊设有嘉木样大师、四大色赤、八大堪布等活佛们每年正月和七月法会观会时的坐席，楼下前廊为本院僧官逢法会

拉卜楞寺殿堂

时的座位。前庭院是本院学僧辩经及法会辩经考取学位的场所，有廊房32间。大经堂正殿东西14间，南北11间。正殿内悬乾隆皇帝御赐"慧觉寺"匾额，内设嘉木样和总法台的座位及僧人诵经坐垫，供有释迦牟尼、宗喀巴、二胜六庄严、历世嘉木样塑像，悬挂着精美的刺绣佛像及幢幡宝盖等，显得十分华丽，且藏有《甘珠尔》等经典。后殿正中，供奉着镏金弥勒大铜像，后殿左侧供奉着历世嘉木样大师、蒙古河南亲王夫妇和其他活佛的舍利灵塔，共14座，右侧为本寺护法神殿。正殿之西为大厨房，内有大铜锅4口，大铁锅1口。大经堂不幸于1985年4月7日被火烧毁，在政府的关怀下，1985年7月设计，1986年6月破土动工，1987年完成了主体工程。新建大经堂不但保持了原来的式样和风格，还采用了先进技术和材料。

续部下院经堂，位于大经堂东北，初建于公元 1737 年，正殿东西 5 间，南北 1 间，系藏式建筑，殿顶法轮、幢幡俱全，内供密集、怖畏、胜乐等密宗佛像，其后殿供奉一世德哇仓等 7 位活佛的灵塔。

时轮学院经堂，坐落于大经堂右侧，建于 1763 年，正殿东西 5 间，南北 11 间，具有浓郁的藏式风格，内供时轮金刚佛铜像。后殿正中供奉释迦牟尼和七大弟子像，左右供奉着堪布仓、贡唐罗智仓、旦巴嘉措等活佛的灵塔。

医学院经堂，建于 1784 年，正殿南北 6 间，东西 5 间，殿内供奉药王佛、药师佛和拉科仓的舍利塔，殿前厢廊内绘有人体脉络图 18 幅。

喜金刚学院经堂，建于 1879 年，仿拉萨布达拉宫的南杰扎仓样式修建。1957 年失火烧毁，后由国家拨款按原式重建。

续部上学院经堂，位于喜金刚学院的西侧，建于 1941 年，正殿东西 5 间，南北 10 间，高达 3 层，顶层为宫殿式，绿色琉璃瓦覆盖，故称绿瓦寺。后殿内供有弥勒佛铜像和十六罗汉象，左为八大药师佛和 35 尊仟悔佛，右为第五世嘉木样大师父母的骨灰塔及 21 尊度母佛像，两侧有铜质无量寿佛 1000 尊。

除各学院的经堂外，拉卜楞寺有众多佛殿，佛殿是僧众诵经和信徒朝拜的场所，较为著名的有宗喀巴佛殿、千手千眼观音殿、弥勒佛殿、释迦牟尼佛殿、白伞盖菩萨殿、救度母殿、白度母殿、寿安寺、悟真寺、普祥寺、图丹颇章和护法殿等。其中弥勒佛殿，亦称"寿槽寺"，坐落在大经堂之西北隅，高达 6 层，纵深各 5 间。初建于 1788 年，1844 年由卓尼察汗呼图克图额尔德尼班智达捐资予以翻修，并建金瓦亭。该殿为藏汉混和式结构，最高层为宫殿式的方亭，四角飞檐，上覆盖镏金铜狮、铜龙、铜宝瓶、铜法轮、铜如意，阳光下金碧辉煌，故俗称"大金瓦寺"。殿内供镏金弥勒佛大铜像，高 8 米左右，两侧供八大菩萨镏金铜像，高 5 米左右。殿内藏有金、银汁书写的《甘珠尔》。

释迦牟尼佛殿，位于弥勒殿西边，仿拉萨大昭寺修建，亦为镏金铜瓦屋顶，俗称"小金瓦寺"。该殿高3层，二层内供有释迦牟尼佛像，两侧有两根铜质龙柱，释迦牟尼佛像顶供有释迦金佛，高约0.7米，是第一世嘉木样从西藏本堆地方迎请来的，殊为珍贵。第三层为嘉木样护法殿，殿前为图丹颇章，系历世嘉木样坐床和举行其它隆重仪式典礼的地方。寿安寺系萨木察仓捐资修建的，在时轮学院前面，纵深各5间，门上悬清嘉庆帝御赐用汉、藏、满、蒙4种文字书写的"寿安寺"匾额一面。

拉卜楞寺尚有藏经楼、印经院、夏丹拉康、菩提法苑、嘉木样别墅、铜塔、厨房和牌坊等建筑。

藏经楼，在萨木察仓昂欠的西面，内藏6万多册经卷，在文革中遭到破坏，损失很大，经卷移到时轮学院，现在新藏经楼已重新建成。印经院在千手千眼观音殿的前面，原属蒙古河南亲王府，藏有大量的经版，在文革中受到破坏，已得到了恢复和扩充，增添了铸字铜模、铸字机、平台印刷机等铅印设备。

夏丹拉康，在大经堂东北隅，是班禅大师行宫。菩提法苑，即为僧人辩经场所，位于寺院西边萨哈尔村南。经轮房，俗称"嘛呢房"，是建造简单之平房，围绕寺周，约500余间，内设经轮。菩提塔，为铜质镏金，高3层，甚为珍贵，因位于贡唐仓院内，又称贡唐塔，另大经堂东侧有合离塔，寺院东边有"神变白塔"。

拉卜楞寺的节庆及法会甚多，较重要的有：

正月祈祷法会，藏语称为"毛兰姆"。自正月初三晚起，到正月十七止，历时15天。其间拉卜楞寺的全体僧人，每天要在大经堂诵经6次，其中第四次专为祈祷，祈祷佛法常在。正月初八举行"放生"，给准备好的马、牛、羊洒上净水，在耳朵上系上彩带等后放走，凡是被放生的马、牛、羊，不允许任何人猎取。正月十三举"亮佛"，将数十丈长的绣制佛像，展挂在王府对面山麓晒佛台，僧众高诵沐浴经，群众肃然，场面盛大。十四日举行跳法舞会。十五日晚间举行酥油花供灯会，各个学院、昂欠的僧人制作的酥油花，陈列于大经堂周围，并供上酥油灯，使酥油花更显得鲜艳夺目。展出后互相评比竞赛，排列名次。十六日"转弥勒"，僧众抬着弥勒佛，在乐队伴奏下，绕寺一周，以示未来佛弥勒将要治世。正月十六正式结束，费用由拉卜楞寺所属 23 个部落轮流负担。

二月法会。从二月初四至初八，其间初五纪念第一世嘉木样圆寂，名为"良辰"。初八为"亮宝会"，僧侣数百人，持寺中宝物，绕寺一周，宝物有吉祥结、如意树、龙蛋、康熙所赐锡杖、百两金元宝等。

四月"娘乃节"。于四月十五举行，此日是释迦牟尼降生、成道、圆寂的日子，僧众、信徒等要闭斋，转经轮，念六字真言，以示纪念。

七月法会。自六月廿九至七月十五止，正式会期是七月初八，其规模仅次于正月法会，僧众每日集会 7 次，主要内容是辩经。七月初八，是米拉劝法会，演出圣僧米拉日巴劝化猎夫贡保多杰的故事。

九月"禳灾法会"。于九月廿九在嘉木样大昂举行，由喜金刚学院举办。

十月宗喀巴逝世纪念。于十月廿五举行。这一天是宗喀巴涅槃日，僧众念大经，寺院开放，让信徒朝拜，晚间寺院建筑屋顶点燃灯火，灿烂如星，实属奇观，故又称燃灯节。

另外，二月初五为一世嘉木样圆寂日，十月廿七为二世圆寂日；九月初六为三世圆寂日；二月廿二为四世圆寂日；二月廿三为五世圆寂日。这些日子里，寺院都要举行纪念活动。

此外尚有各学院各自举行的法会。

拉卜楞寺可以说是安多藏区一座文化、艺术的宝库，现今愈来愈受到人们的重视，发出昔日所未有的异彩。

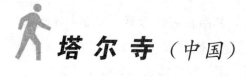

塔 尔 寺（中国）

　　位于青海省湟中县鲁沙尔镇的塔尔寺，又名塔儿寺。得名于大金瓦寺内为纪念黄教创始人宗喀巴而建的大银塔，藏语称为"衮本贤巴林"，意思是"十万狮子吼佛像的弥勒寺"。它坐落在湟中县鲁沙尔镇西南隅的莲花山坳中，是我国藏传佛教格鲁派（黄教）六大寺院之一，也是青海省首屈一指的名胜古迹和全国重点文物保护单位。

　　该寺初建于明嘉靖三十九年（1560 年），迄今已有 400 多年的历史。整个寺院是由众多的殿宇、经堂、佛塔、僧舍组成的一个汉藏艺术相结合的辉煌壮丽建筑群，占地面积约 40 万平方米。

　　该寺依山就势，错落而建。其中以八个塔、大金瓦殿、小金瓦寺、花寺、大经堂、九间殿等最为著名。八宝如意塔位于寺前广场。据说，这八个塔是为纪念佛祖释迦牟尼一生之中的八大功德而建造的，建于 1776 年。其造型大同小异，塔身高 6.4 米，塔底周长 9.4 米，底座面积 5.7 平方米。塔身白灰抹面，底座青砖砌成，腰部装饰有经文，每个塔身南面还有一个佛龛，里面藏有梵文。

　　塔尔寺诸佛殿装饰的堆绣、壁画和酥油花，被人们称为艺术"三绝"，其中尤以酥油花最为有名。酥油花是用酥油塑制而成。酥油晶莹洁白，松软细腻，容易调合各种颜料，塑成各种珍奇的艺术花朵。塔尔寺的酥油花集塑雕艺术之大成，不仅具有很高的艺术水平和独特的艺术风格，而且规模宏大，内容也丰富多彩。有花红叶绿的百花异草，有千

塔尔寺

姿百态的珍禽异兽，有景色壮丽的山水图画，有小巧玲珑的亭台楼阁，有栩栩如生的人物肖像，还有许多取材于历史和神话传说的故事等。每年农历正月十五，是塔尔寺一年一度的酥油花灯会。届时，喇嘛们将精心制作的酥油花摆到寺外广场，让成千上万的人们观赏。许多人为了一睹酥油花的风采，不辞辛苦，千里迢迢来到塔尔寺参加灯会。

壁画，是各个殿宇墙壁上的绘画，它大多绘于布幔上，也有的直接绘于墙壁和栋梁上。壁画的染料采用天然石质矿物，因此具有色泽鲜艳、经久不变的特点。塔尔寺的壁画属喇嘛教画派，因此具有浓厚的印、藏风味。壁画内容、人物主次多属密乘教义，画面构想巧妙，布署适然，色调和谐，工艺精湛，手法细腻。

堆绣，是塔尔寺独创的藏族艺术之一。它是用各种色彩艳丽的绸缎剪成各种佛像、人物、花卉、鸟兽等，然后以羊毛或棉花之类充实其中，再绣在布幔上。因此有明显的立体感，看上去，层次分明，栩栩如生。内容大都取材于佛教故事和宗教生活等。塔尔寺的堆绣制作精细，构图生动别致，色泽繁复绮丽，为美术界所称道。

大金瓦殿，位于全寺正中。藏语称为"赛尔顿庆莫"，即金瓦的意思。其建筑面积约为450平方米。大金瓦殿初建于1560年，后于1711年，用黄金1300两，白银一万多两改屋顶为金顶，形成了三层重檐歇山式金顶，后来又在檐口上下装饰了镀金云头、滴水莲瓣。飞脊装有宝塔及一对"火焰掌"。四角设有金刚套兽和铜铃。底层为硫璃砖墙壁，二层是边麻墙藏窗，突出金色梵文宝镜，正面柱廊用藏毯包裹，殿内还悬挂着乾隆皇帝御赐的金匾，匾额题字为"梵教法幢"。

进入大金瓦殿内，迎面矗立着12.5米高的大银塔，这就是宗喀巴诞生的地方。大银塔以纯银作底座，镀以黄金，并镶嵌各种珠宝，裹以数十层白色"哈达"，以示高贵。塔上有一龛，内塑有宗喀巴像，塔前陈放有各式酥油灯盏、银鼓号角、玉炉金幢。梁枋上布满了帷、幡、绣佛、围帐及布陈天花藻井，层层哈达，琳琅满目。整个建筑庄严大方，雄伟壮观，阳光之下，金光灿烂，光彩夺目。

小金瓦寺又名为护法神殿。初建于明朝崇祯四年（1631年）。寺中回廊陈设野牛、羊、熊、猴等标本。据说，这些走兽标本象征一切恶魔鬼怪已被神征服。殿的左边有一匹白马标本，相传是三世达赖喇嘛从西藏拉萨到青海塔尔寺骑的。三世达赖喇嘛朝拜塔尔寺之后，要去蒙古传经说道，这匹白马怎么也不肯走，于是便留下来，不久，马不食而死。后人把它当神马，和家神陈列供奉。

大经堂是土木结构的藏式平顶建筑，是塔尔寺建筑中规模最大的。其建筑面积近2000平方米，是拥有168根大柱的大型经堂，初建于明朝万历三十四年，即1606年。它是寺院喇嘛集中诵经的地方，堂内设有佛团垫，可供千余喇嘛集体打座诵经。内部陈设非常考究，饰有黄、红、绿、蓝、白五色的幡、帏和各式天花藻井，满堂林立；还有珍贵的大型堆绣挂佛、刺绣佛；梁檐上绘有藏式风格的图案花纹，彩画细腻生动。殿内大柱都由龙凤彩云的藏毯包裹，整个经堂五彩缤纷，富丽堂皇。在1000多平方米的屋面上，按照宗教法制和西藏传统艺术，装有铜制镏金的金鹿法轮、各式金幢、宝瓶、宝塔、宝伞和倒钟等，把一个单调的草泥平顶打扮得绚丽多彩。远眺平顶，金碧辉煌，给人以威严之感。

小花寺又名长寿佛殿，是为七世达赖喇嘛念长寿经而建的，故名长寿佛殿。它已形成一个小型院落。正面为硫璃砖墙突出的小门，玲珑别致。院内种有菩提树，树叶茂盛，浓荫蔽日，清洁优雅。殿内塑有释迦牟尼等佛像30多座。木刻浮雕，层层重叠，佛龛背景，雕木绘金。手工雕饰精湛细致，是塔尔寺木刻艺术的结晶所在。其外形为两层代檐廊重檐歇山顶，屋顶四角翘起，斗拱精巧明快，犹如一幅优美的木雕画图。

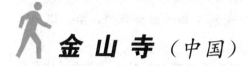

金山寺（中国）

镇江金山寺

镇江金山位于江苏省镇江市西部，占地面积近 20 万平方米，海拔 43.7 米。原为扬子江中一个岛屿，由于"大江曲流"，至清光绪末年（1903 年）左右与陆地连成一片。金山景点甚多，充满历史传说与神话故事，古人赞为"江南名胜之最"。现在是金山和西面的百花洲合并，整个园区面积较大，有大面积的水域，风景迷人，比较著名的景点有：金山寺、古法海洞、白龙洞、天下第一泉、芙蓉楼、御码头等。

金山因有金山寺而名闻遐迩。金山寺建于东晋，至今已有 1600 多年历史。原名泽心寺，亦称龙游寺。但自唐以来，人们皆称金山寺。清康熙帝曾亲笔题写"江天禅寺"，该寺是中国佛教诵经设斋、礼佛拜忏和追荐亡灵的水陆法会的发源地。金山寺寺门朝西，依山而建，殿宇栉比，亭台相连，遍山布满金碧辉煌的建筑，以致令人无法窥视山的原貌，因而有"金山寺裹山"之说。

进入山门是天王殿，这是一座单檐歇山的宫殿式建筑，当中供着笑口常开的弥勒佛，两侧是四大天王，亦称四大金刚。天王殿后是重檐歇山巍峨壮观的大雄宝殿。大殿正中是释迦牟尼佛、药师佛和阿弥陀佛 3 尊金身佛像。3 尊大佛的背面塑有海岛。海岛的上下四周，分布着大小不一、形态各异的善财童子参拜 53 位菩萨的塑像。

镇江金山寺

　　大殿两侧的厢房，是方丈室和接待施主之处。

　　从大殿后侧登山进入夕照阁，阁内保存着 7 块乾隆御碑，由夕照阁上行至观音阁，内有四宝室，陈列着金山的镇山四宝——周鼎、铜鼓、玉带和金山图。

　　观音阁南与妙高台、楞伽台、北与慈寿塔、法海洞橡接栋连，碧映丹辉。由楞伽台循级北登，可至金山的顶峰留云亭，亭内有康熙帝御笔"江天一览"石碑，故此亭亦称江天一览亭。留云亭西北，有纪念南宋民族英雄岳飞的七峰亭，在此亭之北的金鳌山下有一个古仙人洞，这是道教的遗迹。

　　由观音阁往北，可登慈寿塔，此塔初建于齐梁，距今已 1400 余年。金山过去曾有双塔，已废，现存此塔系清光绪二十六年（1900 年）重建。塔身为木结构，七级，有梯可上下，每层均围以走廊和护栏。

　　从慈寿塔往北至法海洞，这是金山寺开山祖师裴头陀——法海禅师的苦修之处，洞中供有法海塑像。在法海洞北、玉带桥旁有一白龙洞，根据神话传说，洞中塑有白娘娘和小青的石像。

沿白龙洞向右上行不远至朝阳洞，此洞又名日照岩。洞顶的悬岩上镌有"日照岩"三字。每当日出之际，这一带石壁迎着朝阳金光四射，水天尽赤，蔚为奇观，是金山观日出的最佳去处。岩壁上所刻"朝阳洞"三个大字系明代滕谧所书。

金山寺西500米处有中泠泉，被唐代陆羽评为天下第一。石栏的南壁上刻着清末状元、镇江知府王仁堪写的"天下第一泉"五字。

鹤壁金山寺

鹤壁金山寺，位于河南省鹤壁市淇滨区庞村镇，距鹤壁市中心5千米，毗邻京广铁路、京珠高速公路、107国道，是以佛教文化为特色的历史文化类人文风景旅游区。2004年成立金山寺景区管理处，正式对其进行开发和建设。因春秋战国时期著名的思想家、政治家、教育家、墨家创始人墨子在此地居住多年，当地又有人称金山为"墨山"。坐落于此的金山嘉佑禅寺始建于唐代，重修于北宋嘉佑年间，是一座佛教文化浓重的千年古刹。据史书记载，金山寺兴盛时期，高僧云集，僧人数百，庙产千顷，香烟缭绕五百里，寺内至今仍完好保存着被誉为豫北第一的大雄宝殿、独具特色的卧佛殿以及其它建筑群。金山名胜游览区植物繁盛，冬季瑞雪覆盖，怡静宜人，春季万物复苏，绿叶滴翠。金山寺晨钟暮鼓，化人心灵。据专家考证，流传千年的《白蛇传》的传说就诞生于金山，雷峰塔遗址、金山寺、淇河、许家沟村、青岩绝白蛇洞构成了传说所需的相关要素。景区内有三步两眼井亭，两井虽相距咫尺，却一眼苦涩，一眼甘甜。西山观景亭被誉为"鹤壁第一亭"。

金山寺是佛教圣地。寺院东侧，古时曾是道教圣地，群山环抱之中，仍有历代寺庙古遗址。至今，当地人还称道教遗址为"大庙圪道"、"二庙圪道"、"三庙圪道"、"二楼坡"。现在遗址之上，还有龙王庙、玉皇殿。道教遗址南北长约1000米，东西宽约500米。

寺内有幢象征民族团结的丰碑——大元皇庆元年仁宗皇帝命人勒石矗立的蒙汉文同壁圣旨碑。碑文中，直接呼名道姓的皇帝就有5位。据说，真正引发颁诏竖碑的竟是爱好兴兵打仗的元武宗海山皇帝。

有一年，因为拓疆大战，元武宗海山皇帝从千里以外的大都，风风火火赶到黑山。他顾不上喝口水，马不停蹄，人不卸甲，又是听禀报，又是探黑山，又是访百姓，又是查根源。几天下来，人瘦了整整一圈儿，经过反复思量，一条两全其美的对策也想好了。

这时的海山，心情反倒轻松了，心劲儿也就懈怠了，成团成群的瞌睡虫齐向他的大脑袭来。于是，海山皇帝摘盔卸甲，脱衣上床，想美美地睡一个好觉。忽听一声急报："大汗到！"他来不及起身，成吉思汗和忽必烈便来至床前。二人怒指他的鼻尖道："蒙汉合一，大元才能长久，区区一个黑山都难处理，何谈四海统一！"海山皇帝连连称是，惊起拜谢，谁料却是南柯一梦。海山皇帝慌忙起床，却是不能，原来夜来风寒，感冒中风，得了个卸甲风病，半身不遂，动弹不得。

随军御医立马被传来为皇帝医治，由于治疗及时，海山皇帝算是捡回来一条命，要不是治疗及时，他非向老祖宗成吉思汗报到不可。但也没彻底治好，留下个半瘫后遗症。这下倒好，海山皇帝出师未捷身先病，只好颁诏收兵，打道回京。一场神鬼皆惊的拓疆大战，就这样偃旗息鼓，半道夭折了。

眼瞅着身体一天不如一天，海山皇帝急忙把继承人爱育黎拔力八达叫到玉德殿龙床前，交代了后事。高瞻远瞩的海山皇帝对接班人交代说，先帝托梦于我，蒙汉一家，民族应该团结，一致对外！黎民僧侣都是我大元的臣民，兄弟反目，相互残杀，有啥好结果？算了吧，以往的事就不要再追究了。给金山寺等寺院下道圣旨，好好安抚一下，都别再胡闹了！

海山皇帝驾崩后，爱育黎拔力八达登基，遵遗嘱谦称元仁宗，改年号为皇庆。

元仁宗称帝后的头件大事，就是为金山寺颁发特诏。

蒙汉两文同壁圣旨碑就这样矗立在了金山寺。

数百年来，前往金山寺游览观光的历代文人骚客、贤人志士们，每每驻足圣旨碑前，无不为该碑所折射出的民族团结精神而击节称道，感慨不已。

福州金山寺

福州金山寺，位于福州西郊洪塘村附近乌龙江上。建于宋代，是福州唯一的水中寺。金山寺原是江心的小石阜，因为它的形状像石印浮于水面，有如江南镇江之金山，故曰"小金山"。因限于地形，寺院没有巍峨的殿阁和巨大的佛像，但小巧玲珑，佳景天然，在全省寺院中独具一格。主要建筑物有观音阁、大悲楼、金山塔（七级八面之实心石塔，高 10.6 米）及东、西厢房。塔前有"观音阁"，塔后有"大悲楼"，左右各有一间斗室。左室名"怡怡斋"，明抗倭名将福州人张经，年轻时曾在这里读书。右室名"借借室"，相传明嘉靖年间，爱国学者林龙江在此著书立说。他所用的桌椅器具等物全是向附近村民借来的，所以称为"借借室"。金山寺规模虽小，但胜迹颇多。塔寺四周仍可寻见古时八景："洪塘古渡"、"石仓秋烟"、"妙高钟声"、"半洲渔火"、"云程石塔"、"巴山风帆"、"环峰夜月"、"旗麓斜阳"。踏踪觅迹，访古探幽，别有情趣。

广东金山寺

在广东汕头南澳岛古城深澳镇金山脚下，有一座与聚福古庵相连平行，坐东南向西北的古刹，叫金山禅寺，俗称"佛仔灯"。它自明以前就创建，清康熙四十八年（1709 年）南澳镇代总兵、福建漳浦人洪斌，在离任临别南澳时，捐园 1000 多平方米给金山寺作香火之用。原建筑面积数百平方米，分为大雄宝殿、两侧僧舍和后院。

大雄宝殿佛龛内，原供奉众多木雕像，主奉释迦牟尼佛，约高 1.2
米，两侧各摆 10 尊 0.6 米高佛像，其后背上方摆 40 尊小佛像（各高约
0.2 米），传说这是"大佛放光生小佛"，十分奇特，是该寺俗称"佛仔
灯"之由。殿内还有小铜佛 3 尊、大钟、木雕十八罗汉像。上述工艺精
美的雕像，可惜皆在 1960 年"破除封建迷信"中荡然无存。"四清"运
动中的 1964 年，僧舍倒塌，大殿残破而被占为酒厂。1985 年归还南山
寺管理。

2001 年 11 月 9 日（农历九月廿四），在深澳乡南山寺重建落成暨
诸佛菩萨开光庆典同时，金山寺举行重建奠基仪式。已建成了前座约
75 平方米、后座约 140 平方米，总建筑面积 500 平方米，皆石木结构。

澄迈金山寺

澄迈金山寺，位于海南省海口市西南 56 千米处的澄迈县城金江镇
城郊金江花园。该寺依山而建，登临可俯视全城。寺庙建筑气势雄伟，
金碧辉煌，回廊曲折，气象万千。

该寺院始建于明朝洪武年间，1949 年前夕毁于兵乱，1993 年重建。
规模宏伟，是海南省目前较大的佛教建筑物。

澄迈金山寺"头枕"地坡山，"脸向"长升莲花池，拾级而上，步
步高升。来到寺门，先见"金山寺"门匾，而后是天王殿，最顶乃大雄
宝殿如来堂。偌大的寺院，左是铜钟、金兰亭，右是鼓楼、功德坊，满
院琉璃绿瓦，四周粉墙漆壁。整座金寺，依山傍水，居高临下，南渡江
为玉带，南蛇岭作念珠，窥海口迎日出，眺五指山于云间，登临此寺，
沃野千里，江岸碧翠，心旷神怡！

金山寺占地 3600 平方米，坐北朝南，由三级三座三厢式建筑群组
合而成。迎面山门一副脍炙人口的楹联："自在自观观自在，如来如见
见如来"；二级天王殿内供奉着弥勒大佛，殿门楹联："暮鼓晨钟警醒世
间名利客，经声佛号唤回苦海梦迷人"；三级大殿上方悬挂"大雄宝殿"

匾额，殿门槛联："怀万斯寻甘霖沾浴雨，大千世界福地涌祥云"。

如果说，海南金山寺以其风姿奇丽深深吸引着游人，倒不如说，金山寺神形各异之雕像迷魂着醉客。刚入寺门，突见两大门神，怒睁双眼，手执兵器，威立两旁，栩栩如生。拾级而登，来到天王殿，只见大肚弥勒佛哈哈大笑，殿侧六大神将身高过丈，咧嘴的，瞪眼的，举手的，挥臂的，红脸的，黑脸的。顺阶登顶，更是雄伟壮观金碧辉煌的如来佛大殿堂了。但见如来佛金身魁梧，金光灿灿，盘腿高坐，微笑慈祥；观其慈态，视其笑靥，令人想到，佛祖又在默默"佛光普照，济救苍生"了。

开江金山寺

开江金山寺位于四川省开江县宝塔坝乡金山山腰，距县城 8 千米。该寺在当地系最高峰峦，地势高旷，其背面岗峦起伏，古木参天；左右土丘林立，联肩比翼，如护卫罗列；前方宝塔坝田畴似海，村落历历。

金山寺始建于唐代天宝年间，明末毁于兵燹，清康熙乾隆年间募资重修。全寺由正殿和藏金楼两部分组成。正殿坐南朝北，藏经楼坐东朝西，相距约百尺。金山寺在历史上是开江之丛林圣地，盛年时，拥有田产 33 万多平方米，僧众 200 多人，还办有一所佛门小学，其正副殿及塔林占地远超过达县真佛山，旧时金山寺系佛门净土，乾隆以来香火历盛不衰，每年要举行一次"孟兰盛会"和"腊八戒规"仪式。举行"腊八戒规"仪式时，从冬月初二及腊八，全县 16 个寺及达县真佛山等寺庙新和尚都要到金山寺摩顶受戒。

1958 年，金山寺被公布为四川省重点保护寺庙，现收入《中国县情大全》、《中国寺庙塔窟·四川卷》等专著。金山寺在"文革"十年浩劫中虽受劫难，但自 1992 年开江县政府批准恢复开放以来，经过多方面筹资抢救维修，现呈现出勃勃生机，寺庙、佛像维修一新，文物、古树得到保护，园林得到培植，香客、游客络绎不断。

开江金山寺

临川金山寺

　　位于江西临川境内的金山寺具体创建年代不详，但最迟至唐宋年间即已建寺。北宋名臣王安石为临川乡贤，他曾多次登山拜寺，游览抒怀："重经高处寺，一与白云亲。树木有春意，江山如故人。幽轩含气象，偏雨落风尘。日暮晚归去，徘徊欲作神。"朝代更迭，世事沧桑，金山寺几经兴衰。宋、元两代，数次毁于战乱，明初盛极一时，明末又罹于战火，再度衰败。此后 300 余年，金山寺凋零冷落，有名无实。1936 年，南湘普净和尚云游至此，搭起闻经茅篷传灯阐教，使金山寺重现生机。抗战期间，印空法师始住持山门，次年间始复殿宇，至1947 年建成。同时，在乡绅桂汝丹的支持和帮助下，恭迎西康贡噶活佛临寺传法，寺名为"中华贡噶寺"。1949 年后，该寺创办中医传习所，培养了一批德技兼备的人才，并有数人参加抗美援朝救护伤员行列。后又创办尼众织布厂，实行生产自养，成为全省典型加以宣传。至"文革"中，该寺再次夷为平地，众多僧侣被迫还俗。

20世纪80年代中期，耄耋之年的印空法师自广州返金山寺住持山门，毅然挑起修复金山宝刹、再振禅风的重任。此举得到当地群众和政府的大力支持。经过10余年的艰辛努力，如今，金山寺以崭新的面貌展现于世人面前。1500多米长的盘山公路，汽车盘旋而至，游人拾级而上。寺内天王殿、大雄宝殿、伽蓝殿、玉佛殿、千佛楼、藏经阁、钟鼓楼、客堂、斋堂、寮房、教学楼、图书馆等十多幢宏大建筑相继竣工，最高达六层。殿宇布局紧凑，错落有致，雄伟巍峨。寺内佛像栩栩如生，不计其数。藏有经书20余万册，其中稀世珍宝《大藏经》二部。进入90年代，寺内已安装了高压电、自来水、程控电话、传真机。配备了成套广播器材、电化教学设备、彩电、录音机、电脑、复印机等，现代化办公设施一应俱全。1993年佛像开光盛况空前，各地善男信女及港、澳、东南亚华人弟子2万余众慕名蜂拥而至，蔚为壮观，誉为赣东"佛教城"。

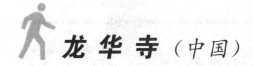

龙 华 寺（中国）

龙华寺位于上海徐汇区的龙华镇，是上海地区历史最久、规模最大的古刹。相传龙华寺始建于三国，吴王孙权为其母所修，距今已有1700多年的历史，现存寺院为清光绪年间重建。如今的龙华寺早已成为了以古寺、古塔、龙华庙会、龙华晚钟构成的宗教旅游胜地。

龙华寺内景色幽静，殿宇巍峨，金碧钩耀，禅韵庄严凝重。寺内殿堂齐整，布局合理，主要建筑有：钟楼、鼓楼、弥勒殿、天王殿、大雄宝殿、三圣殿等。第一殿为弥勒殿，殿的正中供奉着弥勒菩萨。这里供奉的弥勒像和其他寺庙一样，相传是中国五代时的布袋和尚形象，袒露胸膛，笑口常开；第二殿为天王殿，殿两侧是身高4米的四大天王像，面貌圆盛，姿态端严。与别的寺庙天王殿不同的是，这里还供奉着一尊天冠弥勒像；第三殿为大雄宝殿，是寺内的主殿。殿中供奉3尊金身"华严三圣"。正中是毗卢遮那佛，又称法身佛。左边是文殊菩萨，顶结五髻，身骑狮子，表示智慧威猛。右边是普贤菩萨，身骑白象，以示尊贵。殿内还陈列一口明朝万历十四年（1586年）铸造的寺钟。

寺内钟楼之上悬有一口清光绪二十年（1894年）铸造的青龙铜钟，高约2米，重达6500千克。每年年底，都会有"迎新年撞龙华晚钟"活动，吸引了大量游客。

相传在三国时期，西域康居国大丞相有一个大儿子，单名叫会。他不恋富贵，看破红尘，立志出家当了和尚，人称"康僧会"。康僧会秉承佛旨，来到中华弘传佛法，广结善缘，他东游于上海、苏州一带。一日，来到龙华荡，见这里水天一色，尘辙不染，认为是块修行宝地，就在这里结庐而居。他不知道，这里之所以景致幽静不凡，是因为广泽龙王在这兴建了龙宫。广泽龙王见来了个和尚居住，心中很不高兴。一时起了恶念，要兴风起雾，掀翻和尚的草庐、把和尚吓走。可是龙王突然发现草庐

上海龙华寺

上放射出一道毫光，上有五色祥云，龙王吃了一惊，他挨近一看，见康僧会神色端详，正在打座诵经。龙王听了一会儿，被和尚所诵的佛旨所感动，他不仅打消了原来的恶念，还走上前对康僧会说：自己愿回东海去住，把龙王宫让给康僧会，用来兴建梵宇。康僧会接受了龙王的一番好意，他就把龙宫改建成龙华寺，还专程赶到南京拜会吴国君主孙权，请他帮助建造佛塔，好安置自己所请到的佛舍利。就这样，在龙华寺中又建了13座佛塔，安放13颗佛舍利。

据说，这位"康僧会"还做过一件至今对上海乃至周边地区影响深远的事，那就是他曾在龙华寺附近设立"沪生堂"，传授自印度流传过来的制糖之法，造福当地百姓。

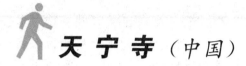

天宁寺（中国）

常州天宁寺

常州天宁寺是我国重点保护寺院和江苏省文物保护单位，被誉为"东南第一丛林"。常州天宁寺雄踞常州东门外，前俯举世闻名的京杭大运河，后倚常州第一大公园红梅公园，是常州现存规模最大、保存最完整的千年古刹。其特点是五大：殿大、佛大、钟大、鼓大、宝鼎大。

常州天宁寺始建于唐朝永徽年间，距今已有 1300 多年历史，天宁寺的开山祖师是法融禅师，乾隆曾三次到常州天宁寺拈香，并为寺题"龙城象教"匾额和楹联。这里终日香火鼎盛，游客如云。寺内主要殿宇有八殿、二十五堂、二十四楼、三室、两阁等建筑，总面积达 7 万多平方米。天王殿为全国屈指可数大殿，檐下挂有全国政协副主席、中国佛教协会会长、当代著名书法家赵朴初题写"天王殿"三个金光闪闪的大字巨匾。罗汉堂内，五百罗汉个个金身雄伟，神态各异，栩栩如生。大雄宝殿是全寺最大的佛殿，供奉三尊大佛，俗称"三世佛"，即正中的释迦牟尼佛、东方世界药师琉璃光佛及西方极乐世界阿弥陀佛。大殿两侧墙上嵌有石刻罗汉像 518 幅，其艺术水平之高更为罕见，被视为寺中瑰宝。

走进天宁寺山门就是宽敞的天井，迎面是天王殿，殿内左右两边是高达 7.8 米的四大天王，在全国同类塑像中是最高大的。天王殿中的弥勒佛坐在汉白玉神台上，佛龛飞檐翘角，上端刻有 90 尊佛像，精致美观。天王殿左右两旁分别是普贤殿和文殊殿。殿后门外天井两侧是罗汉堂，供奉五百罗汉。

大雄宝殿殿顶重檐九脊，高 33 米，宽 26 米，进深 27 米，铁力木大柱高约 30 米，素有"栋宇摩霄汉，金碧灿云霞"之称。殿内供奉高大奇特、辉煌庄严的三世如来佛像，中间站着阿难和迦叶，背后供奉海岛观音，又称童子拜观音。大殿两侧分立形态各异的二十诸天。大殿右前角的一口巨钟，重达 4 吨。左前角是一面直径约 2 米的大鼓。大殿右后角有一尊泰国佛教协会赠送的铜佛。

大雄宝殿左右两侧分别是地藏殿和观音殿。在地藏殿的西、南两侧，观音殿的东、南两侧的长廊上有砖刻的五百罗汉像，神态各异，栩栩如生。大雄宝殿后面还有藏经楼等建筑。据说天宁寺中的观音、地藏、普贤、文殊四殿象征着普陀、九华、峨眉、五台四山。所以过去人们常说，凡到天宁寺烧过香的，就如同已参拜过佛教四大名山了。天宁寺附近还有红梅阁、文笔塔、舣舟亭等名胜古迹。

天宁寺于近年复建的佛塔有着典型的唐宗风格。佛塔取名"天宁宝塔"，以祝颂天下安宁。宝塔建筑总面积为 2.7 万平方米，共 13 层，呈八角形布局，总高达 153.79 米，为迄今中华佛塔之最。

塔刹采用金刚宝座塔形式，一主四次五根刹杆并立，内钢外金，灯饰展示五彩华光。塔林有 2000 多尊汉白玉小宝塔，整块汉白玉的护栏镌刻经文。宝塔首次使用刻上如"龙城象教"等佛教吉祥语的青铜铭文瓦。塔身外饰 5 万块镌佛玉石。塔内每层置铜匾，飞檐翘角置风铃……整座宝塔壮观、厚重、清新、典雅。

天宁寺以它悠久的历史、雄伟的建筑、造型别具的佛像以及那累累的佛学硕果，吸引着千千万万的海内外游客。

南通天宁寺

南通天宁寺始建于唐朝，是市区年代久、规模较大而又保存较好的一座佛教寺院。它是南通江海地区现存的 3 座唐寺（狼山广教寺、如皋定慧寺、南通天宁寺）之一。

对于这座唐寺的建年，说法颇混乱，有说"明宣德年间重建"，有说"始建于北宋"。史书碑文均记载唐咸通或贞观年间。考察这一历史时期，正是唐王朝经济文化发展的鼎盛，佛教在江海地区的空前发展是自然的事，虽然寺院的规模远不似后来的面貌，也应承认它是寺庙始建的最初历史。在漫长的历史年代，南通天宁寺有过两次兴盛的记录：一为北宋政和年间，经过并寺营建，使其"殿堂宏丽，楼阁穹崇，实一州之伟观"，"至咸淳间，复新之，比旧则加焉"。其时，宋徽宗赵佶御笔题写"大雄之殿"，更为其推波助澜。但到明宣德初，天宁寺已是"仅存大殿、山门，风雨不支，像护剥落"。后在宣德、正统、天顺、万历、天启年间均有兴修之举，天宁寺迎来第二个中兴期。重振之功首推通州守御陈谦，他捐资请来杭州净缘禅师主持修建事宜，前后 4 年整修了光孝塔牙大殿、山门，他还主持兴建了园通殿、轮藏殿、醇零楼，其徒又于正纪十四年、天顺二年两次兴工修旧补缺，铸造铜像。《万历通州志》还提到寺有火神庙、祠山庙、毗卢阁等建筑。此外，惠儒等僧人还重建了禅堂、地藏和弥勒殿等，

南通天宁寺

当时通州名士沈明臣、卢纯学、吴熠、汤有光题下"偶翼毗卢阁，遥堪俯大璃"等佳句，咏颂天宁寺的一时盛况。天宁寺西侧的火星殿、水神殿（禹王殿）、祖师殿、大意堂为晚清及民国时所建。

天宁寺无愧一州伟观之誉。就其规模而言，位居州城四大寺（天宁寺、东寺、西寺和千佛寺）之首。历经沧桑变迁，今天依然可以看到它的大体布局：全寺座北朝南，以山门、金刚殿、大雄宝殿、药师殿为中轴结构。此外还有火星、水神（禹王）和大意堂。西北为光孝塔，山门前有照壁一块，门前有石狮一对，为共护持。大雄殿是天宁寺的主体建筑，经专家鉴定，认为它是宋元遗留下来的木结构古建筑。殿高近 40 米，面阔 3 间，进深 4 间，歇山式，明向 6 根内柱，系用"包镶法"制成的十二瓣棱柱，下有复盆式石杠砥，上雕缠枝牡丹花纹。古寺几经浩劫，文物所剩无几。8 块明、清时的古碑尚存，大门保存完整，但字迹已混蚀不清。

今存这些雄伟壮观的殿宇楼均保留了宋代的遗风。当驻足这座古老禅院前，首先映入眼帘的是我国佛教协会会长，著名书法家、学者赵朴初题写的"天宁禅寺" 4 个熠熠闪光的金字；被称之为"鬼才"的我国南通籍现代著名书画家范曾题写的"山河天眼里、世界法身中"的楹联。改革开放使古老的天宁禅寺焕发了青春，它正以传统的东方文化的魅力沟通世界人民和海外侨胞的友情，为弘扬佛法，促进社会安定和经济繁荣昌盛发挥着应有的作用。

扬州天宁寺

扬州天宁寺位于江苏扬州市区城北丰乐上街 3 号。始建于东晋，相传为谢安别墅，后由其子司空谢琰请准舍宅为寺，名谢司空寺。武周证圣元年（695 年）改为证圣寺，北宋政和年间始赐名"天宁禅寺"。明洪武年重建，正统、天顺、成化、嘉靖间屡经修茸。清代列扬州八大古刹之首，康熙帝南巡曾驻跸于此。乾隆帝二次南巡前，于寺西建行宫、御花园和御码头，御花园内建有御书楼——文汇阁。

抗日战争期间，天宁寺为侵华日军所占，沦为兵营。由于年久失修，使用不当，至 20 世纪 70 年代末，已面目全非。1984 年夏，耗资 141 万元进行大修。大修后的天宁寺占地 908 平方米，建筑面积 5000 多平方米，中轴线上有山门殿、天王殿、大雄宝殿、华严阁，两侧廊房 92 间。整个建筑布局对称、严谨。山门殿单檐歇山顶，面阔 3 间。天王殿亦为单檐歇山顶，四面有廊，面阔 5 间 284 米。大殿重檐歇山顶，四面有廊，前后有月台，面阔 5 间 328 米，进深 15 檩 25 米，脊檩高 19 米。殿后走廊东壁嵌有清同治十一年（1872 年）立《重修天宁寺碑》，西壁嵌有 1987 年立《重修天宁寺碑记》。修复后，用作扬州博物馆新址，对外开放。

山西吕梁卦山天宁寺

卦山，是融自然风光和千年古刹为一体的三晋著名旅游景点。它以山形卦象、古柏参天、寺宇巍峨、华严道场而早在唐代就闻名遐迩。宋代著名书画家米芾将它跻身于三山五岳的行列，称誉为"第一山"。

清代，曾有人将"黄山之松、卦山之柏、云栖之竹"列为华夏树木奇观。卦山古柏扎根于悬崖绝壁，钻岩抱石，姿态各异，著名的有龙抓柏、牛头柏、连理柏、文武柏等，惟妙惟肖、情趣盎然，古往今来流传有许多神秘美妙的神话传说。

卦山天宁寺创建于唐贞观元年（627 年），是卦山诸多寺庙中创建最早、规模最大的佛教寺院。相传中国佛教华严宗初祖法顺（亦称杜顺）（557～640 年）曾在此山讲经说法而建寺，又因为有太原节度使李说夫妇的捐助扩建而成为唐代华严宗巨刹。明清时代，又增建了圣母庙、卦山书院、朱公祠等，殿堂楼阁，鳞次栉比，成为规模宏伟的古建筑群。卦山天宁寺为山西省重点文物保护单位、山西省爱国主义教育基地、山西省德育基地。

北京天宁寺

北京天宁寺始建于北魏孝文帝年间,当时叫"光林寺",是北京最古老的寺院之一。清代著名文人、《日下旧闻》的作者朱彝著有《寓天宁寺诗》,诗中有句"万古光林寺,相传拓跋宫"。隋代时称"宏业寺"。到唐代改寺名叫"天王寺",现寺山门前西侧立一大碑,上书"唐代天王寺"。到辽代,因古契丹人信奉佛教,辽朝又利用唐的幽州作为辽的五都之一"燕京",又称为"析津府",故在燕京广建寺院。天王寺因位于燕京城的宫城旁,则更是大规模的修建,并修建一座高大雄伟的砖舍利塔以弘扬佛法。天王(宁)寺塔不但是北京最古老的砖塔,现在还保存完好(有的资料说天宁寺塔建于辽代,但有的资料和古诗文说此塔建于隋代)。到金代,金在辽的燕京正式建都,天王寺在金中都皇城的宣华门里,是皇城中的唯一大寺,所以在金世宗、章宗时修建得更为辉煌,并改名为"大万安寺"。元初,该寺随豪华的金中都毁于兵火,但唯舍利塔尚存。明初,明成祖下旨重修该寺,天王寺在明正统年间又重修时改名"天宁寺"。明正德、嘉靖年间和清乾隆年间都曾重修。

天宁寺过去的规模宏大,分中路和东西三路,现仅存中路。中路有山门殿(韦驮殿),山门前有高大古槐两株。山门上书"敕建天宁寺"。山门殿内前供弥勒佛,后站持杵韦驮。山门殿后为前院。前院正北为寺的主殿——接引大殿,殿门上书"接引殿"。门前对联东书"金界庄严铃语钟声流静梵",西题"运台蘸霭香云宝相现慈因"。大殿面阔5间,进深3间。内供接引佛,寓意接引众信徒进入佛门广结佛缘。大殿前有碑刻数方,其中有乾隆年间重修天宁寺碑。接引殿前过去有大殿释迦殿,接引殿后为舍利塔院,高大的舍利塔矗立在院中。舍利塔院宽阔,东、西亦有配殿,东为药师殿,西为弥陀殿。塔院后为清幽的四合院——"兰若院"。

天宁寺舍利塔为八角十三层密檐式实心砖塔,通高 57.8 米。砖塔修建在一座巨大的四方平台上。大平台上是两层八角形平台塔基，塔基上为雕有莲花、狮头、佛像、力士等雕刻的莲花座。莲花塔座上为高大的塔门层，塔门层以上为十三层密檐塔层。塔一般为"七级浮屠"，十三层为最高级别，一般为皇家特许。

天宁寺塔上过去每层还悬挂有铜塔铃，迎风作响，悠扬悦耳，声闻数里，到清代铜铃渐落。在《京城古迹考》中记："天宁寺……据寺僧传册所记，上有铃 2928 枚，合计重 10492 斤。风雨荡摩，年深钮绝，见次零落。亦颇残缺矣。"1988 年 1 月，天宁寺塔被公布为全国重点文物保护单位。

天宁寺舍利塔

邢台天宁寺

邢台天宁寺俗称西大寺，为邢台名刹，距今已经 1300 多年，是目前河北省仅存的两座元代建筑之一。该寺金顶琉璃瓦的建筑规格是绝无仅有的。隋唐时期，邢台天宁寺是佛教曹洞宗的重要活动场所。

据《顺德府志》载，唐始建为华池兰若，宋政和年间为万寿禅寺。元代名僧虚照禅师主持大宁寺。现仅存之前殿始建于元修于清，为河北省重点文物保护单位。

看图走天下丛书
Kantuzoutianxia Congshu

走进世界著名寺院
ZOUJINSHIJIEZHUMINGSIYUAN

嘉兴天宁寺

嘉兴天宁寺位于浙江省嘉兴市海盐县西门外，寺址东至团结港，南至盐嘉塘，西至寺弄，北至万禄浜，占地面积 6 万平方米。

据明天启《海盐县图经》记载，嘉兴天宁寺创建于汉，当时名禅悦院。宋崇宁四年（1105 年）敕赐"天宁永祚禅寺"，简称天宁寺。寺内建有佛殿、山门、圆通殿。1334 年，因潮水直逼海盐，梵琦禅师提议建镇海塔。塔于后至三年（1337 年）9 月 23 日开工，经历 29 个春秋才建成。此后梵琦禅师又提议创建佛阁，取名大变阁，至此天宁寺雄伟规模基本形成。

天宁寺自南而北以中轴线对称，从乌丘塘起，先是石制牌楼，过牌坊，进入山门就是大雄宝殿，殿后是更为高大的千佛阁，穿过千佛阁就是高耸入云的镇海塔。后几经风霜，阁前大雄宝殿和金刚殿分别于 1979 年 10 月和 1980 年 5 月拆除，现仅存千佛阁、镇海塔部分塔身。

鹤壁天宁寺

鹤壁天宁寺位于河南鹤壁大丕山东半山腰。原名大丕山寺，坐西向东，始建于北魏太和年间（477～500 年）。明代改为坐北面南，更名天宁寺。清道光二十八年（1848 年）邑绅邢本立又改为坐西面东，今天宁寺占地 2600 平方米，有殿宇 30 余间，形成东西、南北两条轴线布局。南北轴线一进四院，主体建筑有地藏殿、天王殿、罗汉殿、大雄殿、水陆殿；东西轴线一进三院，有山门、藏经阁、大佛楼等。

山门 5 间，在高基平台上，邑绅邢本立建。硬山顶，覆盖灰色板瓦，通并一对朱红棋盘大门，门额横书"天宁寺"。穿过山门，即天宁寺前院，东西、南北两条轴线在此交会，院内宽敞清幽，碑碣林立。其中有国家级重点保护单位后周显德六年（959 年）《准敕不停废记碑》。穿过二门，即天宁寺中院，迎面为藏经阁，始建于明万历三年（1557

年），阁上层原存佛教经典 6053 卷，下层塑"千手千眼"佛一尊，俗称"三皇姑"。过藏经阁即天宁寺后院。迎面为大佛楼，是东西轴线上最后一座建筑。始建于北魏，元末毁于兵。今大佛楼为明正统十年（1445年）建。倚崖筑成，面阔 3 间，进深 3 间，高 21 米，楼内有依崖凿的"全国最早，北方最大"的国家级重点文物弥勒坐像一躯，两脚距地面以下丈余，通高 22.29 米，有"八丈佛爷七丈楼"之美谈。天宁寺历史悠久，规模宏大，历史价值、艺术价值颇高。

雷州天宁寺

雷州天宁寺，位于广东省雷州市城区西门外，建于唐大历年间，《海康县志》载"唐大历五年（770 年）开山岫公建"。唐代是佛教极盛的朝代。六祖慧能对禅宗进行了大胆的革新，他的学说"净心自悟"认为人人皆有佛性，能净能悟即可成佛，不需坐禅苦行。天宁寺在当时享有一定的政治经济特权。显贵僧人交接官府，寺院占有大量土地，拥有众多奴仆，无须交税。这种特权一直保持到清代中叶。宋代，天宁寺规模最大。绍圣四年（109 年）苏轼贬到雷州，因元祐党争，苏轼一再遭受贬谪。先贬杭州，再贬惠州，直至贬到雷州。其时患难中舍命相陪的爱妾王朝云已香消玉殒埋骨惠州，苏学士凄风苦雨携一仆人踽踽南下，感到心力交瘁，及至雷州住进天宁寺，心境稍得宽慰。当时城墙外的天宁寺，红墙绿瓦，佛殿高耸，曲栏亭台相映交辉，佛塔如林，绿树四合，一面临水，碧水粼粼。其时天宁寺方圆约 2 千米，置身寺中如临蓬莱胜境。住持让出方丈堂给苏学士居住，每日与学士谈佛论经，茶饭相待。苏学士爱其境清幽，一日，几杯薄酒过后雅兴大发，在纸上书"万山第一"四大字以赠。此书楷体，圆润方正，乃天宁寺镇寺之宝。

寺藏历代石刻甚丰，最著名的是苏东坡"万山第一"和海瑞"天宁古刹"匾题。"万山第一"在"文革"中被毁，现在我们看到的是复制件，"天宁古刹"匾题原物寺存。两匾均收入《中华名匾大全》一书。

雷州天宁寺

关于"万山第一"石匾还有一段插曲：浙江书法家沈定庵于抗战期间与其父流落湛江，父亲卖画度日。少年沈定庵曾游天宁寺，见东坡题字，如睹至宝，乃命和尚扶梯登梯拓印。旋遇日机轰炸，父罹难，定庵死里逃生，拓本幸及时扑救方免毁于火。沈爱苏字，更慕其为人，常随身携带，展玩潜研珍藏不弃。中年以后，沈氏书艺大进，名声日隆。1989年，沈氏获悉天宁寺重建，将珍藏孤本割爱奉还，东坡匾题石坊得以重建复原，展现旧时风采。

安阳天宁寺

安阳天宁寺，位于河南省安阳市文峰区文峰中路西段，始建于隋文帝仁寿初年（601年），唐、宋、元、明、清历代增修扩建，至清乾隆三十七年（1772年）彰德府（安阳古称）知府黄邦宁维修，规模达到空前，时亭、台、楼、阁、殿、堂、庙、宇百间。

据现存清乾隆三十七年"重修天宁寺图"碑记载："……明洪武间，置僧纲司于此，其规模雄壮，为南北丛林冠。寺有天宁寺塔（文峰塔）五级，由下而登，逐渐宽敞，其巅则为平台，周可容二百人，远望太行，历历在目……历年既久，诸殿悉成瓦砾，唯此塔巍然独存……"塔的上身五级出檐，从下往上逐级增大。每层出檐的斗拱又不尽相同。八角檐头系有铜铎，微风吹动，丁当作响，给人以高远静穆之感。塔顶有相轮、塔刹。塔的下身四周正面，各有一门，其中正南面为真门，余为假门。券门首额，有砖雕二龙戏珠图像。八角均有巨龙环绕的盘龙柱，上加铁链枷锁，非常壮观。八根龙柱之间，有八幅砖浮雕佛教故事图像：正南面为三身佛像；西南角是释迦佛说法像；西面为悉达多太子诞生图像；西北角一幅是释迦佛雪山苦行修定像；北面为观音菩萨与善财龙女像；东北角是佛为天人说法像；东面一幅为释迦佛涅像；东南角是波斯匿王及王后侍佛闻法像。这些浮雕造型生动，神情逼真，姿态自然，栩栩如生，是不可多得的艺术珍品。另据安阳县志记载：此塔建于五代周广顺二年（952年），距今已有1000多年历史，2001年定为全国重点文物保护单位。

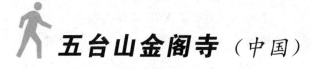

五台山金阁寺（中国）

　　五台山金阁寺位于山西五台山南台之北，中台之南，除 5 座台顶的寺庙建筑外，金阁寺所处的地势最高，海拔 1900 米，距台怀镇约 15 千米。1983 年，被国务院确定为汉族地区佛教全国重点寺院。金阁寺与中国密宗的传播和密宗创始人之一的不空三藏法师有极密切的关系。

　　不空三藏法师 719 年随高僧金刚智来中国传法。724 年，在洛阳广福寺受比丘戒。此后 18 年，学律仪和唐梵经论，并随金刚智译语。741 年，奉唐朝廷之命，率弟子含光等僧俗 37 人，护送国书往狮子国。受狮子国王尸国迷伽殊礼接待，被置于佛牙寺。不空请求开坛重受灌顶。他和他的弟子含光、惠恐同时入坛受学密法，前后 3 年。他广事搜求密藏和各种经论，获得陀罗尼教《金刚顶瑜珈经》等 80 部，大小乘经论 20 部，共计 1200 卷。746 年，不空回到长安。先住鸿胪寺，旋奉诏入宫，建立曼荼罗，为皇帝灌顶，并从事译经事业和开坛灌顶传扬密法。不空生历玄宗、肃宗、代宗三代，极受朝廷的尊重和礼优。唐代宗称赞不空为"我之宗师，人之舟楫"。大历九年（774 年），不空圆寂。唐代宗特颁《追赠不空和尚诏》，追赠不空为"开府议同三司，仍封肃国公，赠司空，谥曰大辨正广智不空三藏和尚"。不空的译著极其丰富，其主要者可分为显数、杂密、金刚界、大乐、杂撰 5 大类，共 77 部，120余卷。为密宗在唐代的一时兴盛作出了重大贡献。五台山的金阁寺就是由不空三藏创建的中国最早的密教中心。

五台山金阁寺

　　唐代宗大历元年（766 年），不空三藏派其弟子含光到五台山创建金阁寺。据传说，金阁寺是按照道义悟见的金阁形制而建。实际上，寺庙建筑式样是参照当时印度最著名的寺庙那烂陀寺，由印度那烂陀寺纯约法师监工，依照经轨建造。那烂陀寺，在古印度摩揭国王含城东，即今印度比哈尔邦巴腊贡，是古印度规模最宏大的佛寺和佛教最高学府。全寺共有 8 个大院，宝台星列，琼楼岳峙。极盛时，主客僧众常达万人。中国唐代的玄奘法师也曾在寺中就学多年。惜毁于 12 世纪。金阁寺建造过程中，由于当时不空深得朝野的倾心崇奉，全国通力支持，上自皇亲国戚文武百官，下至平民百姓纷纷布施，唐代宗甚至下昭命全国十节度使助缘建寺，化缘僧分赴全国各地为建造金阁寺募集布施，工程历 5 年而竣。当时的寺院富丽堂皇，规模宏伟，寺中金阁高达百余尺，有上、中、下三层，雕梁画栋，高耸入云。殿顶"铸铜涂金为瓦"，"照耀山谷"。寺院落成后，不空奉命为金阁寺的开山祖师。他还奏请皇帝于金阁寺等五寺各置定额僧 2 人。

金阁寺后来几经灭佛和兵燹，仅余遗址。现存寺庙建筑及塑像设置，均为明、清及民国时复修和添制后的形制。全寺坐北朝南，分前后两院。前院以观音阁为主体，中有8座阁式通殿，后为大雄宝殿，两厢为僧舍。占地面积共达2.1万平方米，计有殿堂楼房160多间。

金阁寺前院，中间耸立着一座重檐歇山顶的高大楼阁。内供高17.7米的千手（实有48臂）观音铜像，这是五台山最高大的佛像，在国内也仅次于西藏日喀则和河北正定的大铜佛像。铜佛为明世宗嘉靖三十四年（1555年）所铸，民国时，有信徒将铜佛施以薄泥贴金，即成现在金佛。铜佛通贯两层，下层铜像身旁为两尊高大的胁侍像，右女左男，男的手抱宝剑，传说为观音的父母"妙庄王夫妇"。观音，原译名叫观世音，唐代因避李世民讳，称观音，与大势至菩萨同为阿弥陀佛的左右胁侍，合称"西方三圣"。佛经记载其原为古印度一个国家的太子。但自南北朝后，中国寺庙多将其画塑成女相。观音壁两壁各供有12尊塑像，统称为"二十四诸天"。

前院东西两侧配以数十间楼房，北侧有下层19眼石破窑洞、上层19间木构建筑的楼殿，一字排开，十分雄伟。下层的窑洞为僧舍，中间的一眼窑洞内砌石台阶，通向二层楼殿和后院。楼上19间分别为十二圆觉菩萨殿、五百罗汉殿、地藏殿、药王殿、玉皇殿、三皇殿、送子观音殿。药王是过去佛。玉皇是道教所称天上最高的神，又称玉帝。三皇指古代传说中的三个帝王，或称伏羲氏、燧人氏、神农氏为三皇，或称天皇、地皇、人皇为三皇。由此可见，二层19间楼殿内的塑像设置较为庞杂，已有了道教色彩。

后院立有大雄宝殿5间，内供三佛：释迦牟尼佛、药师佛和阿弥陀佛，两旁有十八罗汉。金阁寺各殿中塑像共有1000多尊，是五台山佛教塑像最多的寺院。金阁寺以其历史悠久，现存佛像众多高大，特别是千手观音像，在五台山众多寺庙中独树一帜，为世人瞩目。

卧佛寺（中国）

北京西山卧佛寺

北京西山卧佛寺即"十方普觉寺"，它位于西山北的寿牛山南麓、香山东侧，距市区 30 千米。

该寺始建于唐贞观年间（627～649 年），原名兜率寺，又名寿安寺。以后历代有废有建，寺名也随朝代变易有所更改。清雍正十二年重修后改名为普觉寺。由于唐代寺内就有檀木雕成的卧佛。后来元代又在寺内铸造了一尊巨大的释迦牟尼涅槃铜像，因此，一般人都把这座寺院叫作"卧佛寺"。

据元史记载：当时铸铜像冶铜 25 万千克，用工 7000 人。铜佛身长 5 米作睡卧式，头西面南，左手自然地平放在腿上，右手曲肱托头。卧佛后面围坐着 12 圆觉菩萨，他们面部表情沉重悲哀，构成一幅释迦牟尼涅槃于婆罗树下，向 12 弟子嘱咐后事的景象。

殿的正面墙上挂一块"得大自在"的横匾，意思是得到人生真义也就得到最大自由。殿门上方亦有横匾，书有"性月恒明"，意为佛性如月亮，明亮兴辉永照。

此外寺内还种有几株婆罗树，每逢春末夏初之际，白花盛开，花朵如同无数座洁白的小玉塔倒悬枝叶之间，别有情致。

往卧佛寺西北行 500 米左右，即为樱桃沟。这是一条外广内狭的幽静

北京西山卧佛寺

峡谷，两侧是秀挺峻拔的山峦，一条婉蜒溪水清澈见底，再往西行约 1000
米，可见危峰对峙，陡壁如削，十分雄伟险峻，这是著名的金鸽子台。每
逢雨季，可看悬崖陡壁上山水直泻而下，形成巨大的瀑布，飞沫高扬，吼
声震耳。深秋时节，这里山林红叶，绚丽多彩，与香山红叶堪称双绝。

云南保山卧佛寺

云南保山卧佛寺位于保山城以北 16 千米的云岩山麓，始建于唐开
元四年（716 年）。寺内因拥有全国最大的巨型卧佛而闻名中外，卧佛
长 6 米，重达 10 吨，据称是全国最大的玉佛。相传，以前这里曾有一
个石洞直通怒江，由于巨石堵塞，使得江水不能流入。一次，江水冲开
巨石汹涌而至，保山坝顿成泽国，一名勇敢的傣族青年见状，用身体堵
住洞口，黎民百姓才幸免于难。后来，人们为了纪念他，就将洞中巨石
雕琢成佛像，这便是现在的巨型卧佛。卧佛寺于每年春节前后，尤其是

正月初八，游客云集于此，非常热闹。

山西昔阳县卧佛寺

山西昔阳县卧佛寺，位于昔阳县城东 40 千米的孔氏乡境内，据寺内《重修卧佛岩记》石碑载："元至正年间凿石佛，长数丈，卧于岩下。明嘉靖四年，道人王续绵募捐主持，创建大殿四楹，刻石为佛者三、菩萨二、罗汉者三十有六，经始于正德庚午正月，落成于嘉靖壬午十月。"

现存卧佛寺为一天然岩洞，从东向西，宽 36 米，深 34 米，高 20 米。洞后壁凿一卧佛，身长 5.2 米，肩宽 1.4 米，螺纹内髻，面相方圆，高鼻大耳，身着袈裟，右臂上曲托头成卧状。另有 20 余尊石雕像均缺臂少头，面目全非。木构建筑也荡然无存。

洞内存有石碑 2 通，其中一通是明代吏部尚书乔宇撰文。

卧佛寺塔林

泰国曼谷卧佛寺

泰国曼谷卧佛寺内卧佛为世界最大卧佛，长 46 米，高 15 米，每只脚的脚底便长达 5 米，上刻有 108 个佛像图案。

佛卧之姿态，在表达佛陀追求涅槃时之姿态。其右手托头，全身侧卧，悠然于佛坛之上，殿堂四壁以描写佛祖生平的巨型壁画相伴。

卧佛的建造工程是浩大的：在以砖石砌成之后，再以金箔漆贴，并要在如此巨大的身体上雕刻上一个又一个精美的图案，其难可想而知。但建造者对佛祖的信仰，在建筑时，自然而然地转换成了力臻完美的心事，他们以自己的辛劳祭祀自己的信仰。

这座建于 1793 年大城王朝时代的寺庙，更有着卧佛以外的内容。

德莱佛堂堪称寺庙之内最为华丽的建筑，王冠形彩色的尖顶和屋顶、十二角的四方殿都是极尽华丽之作。即便是佛堂之内的门，也饰以 3 个尖顶，镶嵌着彩色瓷片。

卧佛寺之中，佛塔林立，大小佛塔加起来近百之多。这些佛塔或贴满金箔，或镶满彩瓷，4 座大塔尤为壮观。而书写在卧佛寺内走廊柱上、壁上及牌厅上的有关寺庙历史、佛史、药方、文学等方面的石碑，则形成了卧佛寺内的另一独特景观，诸多在民间已经难以寻到的知识在这里却可以寻得到。也因此，卧佛寺有了"泰国第一所大学"之名。

拉玛一世第一次重建庙寺时，广泛收集各地残破不全的大小佛像千余尊，并召集皇城之内的工匠将其全部修缮完好陈于寺内。拉玛三世第二次大型维修加建时，将泰国国内生活常识刻于寺内石碑之上。如今卧佛寺已是曼谷最大最古老的寺院了。

本篇简介 **B**enpian **B**jianjie　　全国重点寺庙之一，"闽刹之冠"，几度废兴。寺藏丰富，藏经、雕刻、名人题句，弥足珍贵。

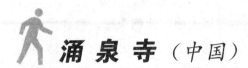

涌 泉 寺（中国）

福州市鼓山涌泉寺为"闽刹之冠"，是全国重点寺庙之一。寺建在海拔455米的鼓山山腰，前为香炉峰，后倚白云峰，有"进山不见寺，进寺不见山"的奇特建筑格局。相传它的旧址为"华严寺"。唐建中四年（783年），有龙居灵源洞（《鼓山志》载："其先为潭，毒龙居之。"），从事裴胄认为"神物所蟠，宜寺以镇之"，请高僧灵峤入山诛茅设台念《华严经》，遂成华严寺，从此龙不为害。现在，人们都把建中四年作为涌泉寺创建之始。

唐武宗灭佛时，华严寺被毁。

五代后梁开平二年（908年），闽王王审知延请国师神晏主持修建新寺，寺成之后赐名"国师馆"。因天王殿前有罗汉泉，后梁乾化五年（915年），改名为鼓山白云峰涌泉禅院。王审知迎请神晏法师来住持涌泉寺，主持扩建殿宇，聚徒千百，称盛一时。

宋朝时，宋真宗赐额"涌泉禅院"。

明永乐五年（1407年）改称涌泉寺。永乐六年（1408年）和嘉靖二十一年（1542年），寺两次毁于火灾，殿堂残存无几。万历四十七年（1619年）、天启间相继修复，后几度扩建，形成今天的规模。

清顺治初僧元贤又主持重修。清康熙三十八年（1699年），康熙皇帝颁赐的御书"涌泉寺"泥金匾额，至今仍高悬于天王殿寺门之上。

中华人民共和国成立后，人民政府十分重视对佛教古建筑的保护和维修工作，多次拨款维修涌泉寺。1983 年，涌泉寺被国务院确定为全国重点寺庙，并交给佛教团体管理使用，僧人们在这里潜心修行，晨钟暮鼓，时时不掇。

明清以来，住持涌泉寺的名僧辈出，先有永觉、为霖（道霈），后有古月、妙莲，近代有虚云、圆瑛诸名僧大德。清朝末年，妙莲法师为修寺出洋募化，在南洋槟城建极乐寺为鼓山下院。古月禅师住持涌泉寺期间，带领僧人将寺庙修缮一新，盛极一时。1929 年，近代名僧虚云任涌泉寺住持，率领僧众，重振宗风。首先革除挂名职事，建立禅堂规则，恢复首座、西堂、后堂、堂主四班首及维那等首领执事。其次，创办鼓山佛学院，请慈舟法师主讲，造就僧伽人才。第三，整理涌泉寺所藏佛经经版，编《鼓山经版目录》。虚云法师还亲临禅堂与僧人一起"坐香"、"讲开示"，并带领僧人植树造林，参加生产劳动。

如今的涌泉寺基本上保持了明清两代的建筑风格和布局。整座佛寺有大小殿堂25座，以天王殿、大雄宝殿、法堂三大殿堂为主体，依着山势层层上升，构成完整的古代建筑组群。涌泉寺前两侧的两座千佛陶塔，是北宋元丰五年（1082 年）烧制的，左边一座称"庄严劫千佛陶塔"，右边一座称"贤劫千佛陶塔"，双塔是用陶土分层烧制累叠而成，八角九层，高约 7 米左右。塔身细部为仿宋代木构楼阁建筑风格，两座塔上各塑 1038 尊佛像，因而叫做千佛宝塔，八角塔檐另塑有僧人武将各 36 尊，悬挂陶制塔铃 72 枝。塔座上塑莲瓣、舞狮、侏儒，并刻有铭文，记载建塔时间和工匠姓名等。

走近涌泉寺门，首先看到的就是这对"千佛陶塔"耸立在寺门两侧。从寺门沿着石砌的台阶，步入天王殿。殿门有一副对联："面对炉峰，何用隔江招手；背临为巘，请看顽石点头。"殿中供奉着塑金大肚弥勒佛像，佛像两旁是明代文人所撰的一副对联："日日携空布袋少米无钱，却剩得大肚宽肠，不知众檀樾信心时，用何物供奉？年年坐冷山门接张待李，总见他欢天喜地，请问这头陀得意处，有什么来由？"

涌泉寺

　　过天王殿是大天井，正上方题刻《石鼓名山》四个大字，中间横桥卧波。左右有两厢楼、钟鼓楼对峙。钟楼上有一口铸造于清康熙三十五年（1696 年）的巨钟，以铜为主，与金、银、锡合铸，重约 2 吨。钟声洪亮悠扬，余声不绝。钟身刻有《金刚般若经》全文，共 6372 字。

　　沿长廊拾级而上，两侧是闽王祠、伽蓝殿，正中为大雄宝殿。大雄宝殿初建于五代开平二年（908 年），宋朝重修。明朝毁于火灾，现存为清光绪八年（1882 年）重建的建筑。殿中供奉三世佛像，两侧为十八罗汉像。供桌前有一鼎铜铸大香炉，两旁各立一尊铜童子像。大殿后侧有清康熙年间铁铸"三圣像"，表面贴金，重约 1150 千克，金光灿灿。大殿天花板上是清光绪八年（1882 年）绘制的各式图案 242 块，其中禅龙图 129 块，丹顶鹤 86 块，大象、麒麟、白马、猴等图案 27 块，色彩鲜艳，与羊色灯相辉映，使殿内金碧辉煌，庄严肃穆。

大雄宝殿后为法堂。东侧下方为藏经楼，楼建于顺治十六年（1659年），藏有佛经2万多册，其中有清康熙至乾隆年间御赐的佛经《明朝南藏》、《明朝北藏》、《清朝梵本》，近代涵芬楼影印《日本续藏》、《杂藏》善本，康熙年间彩色绘制的《佛祖道影》贝叶刻经600多册。所藏佛经中以元刊本《延祐藏》最为珍贵。《延祐藏》是元延祐二年（1315年）建阳县后山报恩寺刊印的《大藏经》。涌泉寺所藏762卷，虽非全部，但字体秀丽，刻印精美。《延祐藏》在国内已很罕见。最引人注目的是清代涌泉寺方丈道霈法师著作《大方广佛华严经疏论纂要》，共120卷，分装48册，雕板2425块，这是康熙年间具有代表性的佛学著作，十分珍贵。1925年，弘一法师曾印了几十部赠送给日本各大寺。

这里所藏的佛经、佛像雕板13375块，驰名国内外。过去由福州佛学书局承印，在国内及日本、新加坡、马来西亚等国流通。1929年，日本佛教学者常盘大定博士来考察佛教史迹时，称涌泉寺为"中国的第一法窟"，对这里的藏经、藏版作了一个多月的调查。

涌泉寺还保存着唐代以后的陶瓷器、明清书画、佛像和法器，宋代陶制观世音佛像、白玉石佛像，泰国的铜钟和缅甸、印度等国的贝叶经等文物。

鼓山涌泉寺的名人题句甚多，在鼓山摩崖题刻最集中的灵源洞至听水斋沿途，布满宋元明清题咏300多处，有相传朱熹所书的"寿"字，高达4米，是福建省最大的古代石刻。这些题刻，荟集篆、隶、草等书法精华，是研究鼓山历史和书法艺术的珍贵资料。

本篇简介 汉族地区重点佛教寺庙之一，其内的古迹造像、藏经、文
Benpian 物、字画十分珍贵，有研究价值。
Jianjie

罗汉寺（中国）

罗汉寺位于重庆渝中区民族路，是中国汉族地区重点佛教寺庙之一，全国重点文物保护单位及重庆市佛教协会所在地。其间的古迹、造像等，都具有中国文化的传统规模和佛教特征，在繁华的渝中区，形成一道祥和安宁的风景线，一年四季游人不绝。

罗汉寺始建于北宋治平年间（1064～1067 年），由祖月禅师开山弘法，原名治平寺。寺因罗汉洞而建。《蜀中名胜记》载："治平寺……有罗汉、先天二洞，皆古洞。"清乾隆十七年（1752 年），因前殿坍圮，改建龙神祠。后又称罗汉寺、古佛岩。清光绪十一年（1885 年），隆法和尚重修庙宇，并仿新都宝光寺建罗汉堂，泥塑五百阿罗汉，方改名罗汉寺。1942 年罗汉寺遭日机炸毁，后修复。"文化大革命"中，罗汉塑像全被捣毁，

罗汉寺藏经楼

1984 年政府拨专款重塑。始建时的园池古迹今已湮没无闻，仅余"明碑亭"所嵌"西湖古迹"碑石，还依稀可辨字痕。

罗汉寺内景观依次为四大天王塑像、明碑、古佛岩、罗汉堂、弥勒阁、大雄殿、藏经楼、方丈室、禅堂等。罗汉堂内造像总计 524 尊，皆为泥塑像。其造型细腻精巧、神态逼真，常有善男信女至此，默数罗汉以测吉凶祸福。

罗汉寺拥有大量藏经、文物和字画，其中有珍本《碛砂藏》和《频伽藏》。寺院门前有明朝天启三年（1623 年）石碑一通，刻"西湖古迹"四字。门内通道两旁石壁名"古佛岩"，长 20 余米，上有不少佛像浮雕，是市级文物保护单位。

大雄宝殿中有许多佛教艺术珍品，有十六尊者塑像，即释迦佛的 16 位学习成绩最好的学生；有明代的西方三圣铜铸像，缅甸的释迦牟尼成道玉佛，临摹印度壁画《释迦牟尼离宫出家图》等。寺内藏经楼收存的大藏经、梵文和藏文经典，以及古籍字画等，多为唐、明两代瑰宝。

南普陀寺（中国）

南普陀寺是厦门著名古刹，居于鹭岛名山五老峰前，背依秀奇群峰，面临碧澄海港，风景绝佳。五代宋初，即有高僧依山结庐梵修。明季扩建殿堂，规模初具。清初重修，始改今名。

南普陀寺始建于唐末五代，初称泗洲院。北宋僧文翠改建称无尽岩。元废。明初复建，更名普照寺。明末诗僧觉光和尚迁建于山前，殿堂院舍齐备，住僧常达百余众，清初又废于兵祸。清康熙二十二年（1684年），靖海侯施琅收复台湾后驻镇厦门，捐资修复寺院旧观，又增建大悲阁奉观音菩萨，并以之与浙江普陀山观音道场相类比，更名为南普陀寺，此后数百年来，经历代住持景峰、省己、喜参诸和尚多次重修扩建，至民国初年，已构成三殿七堂俱全的禅寺格局，成为近代闽南最具规模的名刹。

南普陀寺历来是临济喝云派的子孙寺院。民国十三年（1924年），喝云派裔住持转逢和尚将寺院改为十方丛林，并按丛林规制，推选云门派裔会泉和尚为首任方丈。第二年，又在寺内创办闽南佛学院。会泉和尚退任后选聘当代高僧太虚大师为继任方丈，主办学院。从此，海内高僧相继往来住锡传经，十方佛子竞相入院参道修学，一时佛门称盛，名闻中外。

中华人民共和国建国初期，地方政府曾多次拨款维修殿宇院舍。"文革"十年动乱，寺院历经浩劫。"文革"后，国家落实宗教政策，政府重视寺院复建。十多年来，不仅旧有殿堂翻修一新，还新建多座楼堂亭院。现有建筑总面积已超过原有将近一倍。复办后的闽南佛学院，规模设施也在成倍增长。古刹盛世重光，梵呗钟磬不绝，佛苑法缘殊胜，宏法利生并传。

南普陀寺坐北朝南，依山面海而建，规模宏大，气势庄严，中轴线主建筑为天王殿、大雄宝殿、乐途殿、大悲殿、藏经阁。其中，天王殿位于寺院中轴线的最前端，前殿正中供奉笑容可掬的弥勒佛，两侧立有怒目环视的四大天王，殿后有韦陀菩萨覆掌按杵而立，威武异常。

大雄宝殿是整个寺院的中心，具有典型的闽南佛殿的特点，大殿正中供奉三世尊佛高大的塑像，殿后供奉西方三圣。大悲殿呈八角形三重飞檐，中间藻井由斗拱层层迭架而成，无一根铁钉，构造极其精巧。殿内正中奉祀观音菩萨，其余各面为 48 臂观音，造型优美、姿态多样。

俯瞰南普陀寺

因闽南信众均崇奉观音菩萨，所以此殿香火异常鼎盛。

藏经阁是中轴线上的最高层建筑，为歇山重檐式双层楼阁，一层为法堂，是僧人讲经说法的地方；二层为玉佛殿，内供 28 尊缅甸玉佛，并藏有数万卷古今中外的佛典经书及一些珍贵的文物。如宋代古钟、香炉，明代铜铸八首二十四臂观音，清代瓷制济公活佛等；著名的佛典经书有《明大藏经》、《日本大藏经》等。藏经阁后有摩崖石刻多处，其中有块大石，镌刻着一个特大的"佛"字，高 4.7 米，宽 3.3 米，粗犷豪放雄健有力，为国内罕见。

此外，南普陀寺院里还有钟鼓楼、功德楼、海会楼、普照楼、太虚图书馆、佛学院教室、养正院、万寿塔等建筑，其中的佛学院为 1925 年建，是国内最早的佛教学府。

南普陀寺里有 7 座白玉如来佛塔和两座 11 层高的万寿塔。万寿塔前有个莲花池，夏日荷花盛开时，蓝天、白塔、绿叶、花海，展示这里是分外清静高洁的佛门净地。

南普陀寺还有一个吸引人的地方，那就是素斋。南普陀素菜以其清纯素雅的独特风味驰名中外，厨师调煮制作，严守素菜素料作的工艺，革除素菜仿制腥的传统，以素菜素名而独树一帜，既讲究色、香、味，又讲究形、神、器，一道菜一个雅名，神韵高雅，诗情画意。其中"半月沉江"这道菜最为有名。

南普陀寺的殿堂楼院分散建于地形复杂的山坡上，又以其实际使用不同，各具形式，但在整体布局中，均能以中轴线上的主殿为中心，高低俯仰相从，参差错落有致。所有建筑，一律采用古代宫殿式的重檐飞脊大屋盖，饰以杏黄琉瓦，使之统一协调。再以石构围墙将全寺建筑群环抱起来，如散珠承盘，形成一个整体。

纵观寺院内外到处有菩提嘉树垂荫，艺圃百花争艳，还在寺前山后的碧荷池畔和林泉幽壑之间，建造亭台、水榭、曲桥、花坞，使信众游客，在朝参名山古刹之余，领略山水林园的佳趣。

寺中珍藏文物，有北魏、唐、宋、明、清的古佛造像，有泰国、斯里兰卡、柬埔寨、印度送藏的各种佛菩萨造像，还有与清初施琅建寺同时新铸的大钟、造于宋元时期的七佛宝塔。此外，还有明代比丘、比丘尼刺血书写的《妙法莲花经》和珍版的《大藏经》多部。

　　南普陀寺的殿堂、楼院、门廊等石柱上，均镌有出自文人高士撰书的楹联。联文中或托景物以抒怀，或寓禅机以寄语，巧对佳联，各得其妙。还有许多古今文人墨客留下的诗词吟咏，其中有不少佳作，不仅格调清新，意境高越，还赋有时事记实的内涵，令后人在吟味中获得史疑佐证的契机。如宋人尉滕翔在咏无尽岩的诗句中，如实地反映了当时无尽岩下还是波浪翻滚的大海，以及山中野寺荒寂的情景，反证了所谓鹭岛全面开发前的中唐，即有人献地 3.3 万平方米以建昔照寺殿堂的误传。又如晚明与重兴普照寺诗僧觉光和尚同时的鹭岛名士池显方，在题《五老山》诗的起句中，即以"十年古刹几残灰，重见天花散讲台"，点出觉光大师重建普照寺的史实。

般若寺有两处：一是长春般若寺；二是沈阳般若寺。长春般若寺为汉族地区全国重点佛教寺院。

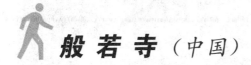

般若寺（中国）

长春般若寺

长春般若寺位于吉林省长春市清明街。

1923年，佛教天台宗法师释炎虚来长春讲"般若心经"，随后创建寺庙，取名为般若寺。般若寺最初建在南关区西四马路，1931年迁到清明街现址重建。

今天，般若寺占地面积1.4万平方米，建筑面积2700平方米，是长春市最大的佛教庙宇。进入山门，东有钟楼，西有鼓楼，这两座建筑设计奇特、工艺精巧，遇重要节日，这里就会钟鼓齐鸣。

整个庙宇进深3层。第一层是弥勒殿，殿内供奉弥勒佛坐像，殿前有一座汉白玉石碑，碑文记载着建庙的详细过程；第二层是大雄宝殿，这是整个庙宇的中心，也是最大的一座建筑；第三层是西方三圣殿，该殿为二层歇山式建筑，楼上为藏经楼，楼下供奉阿弥陀佛、大势至菩萨和观世音菩萨三圣像。西方三圣殿的两侧是大雄宝殿的后院配殿，其中东配殿是观世音菩萨殿，西配殿是地藏王菩萨殿。与前两个院落相比，这里松柏参天，鸟语绕梁，营造出一种古朴、玄远的宗教氛围。

西方三圣殿的后院，是般若寺的尽头，墙外就是纷扰的马路和街市。这个小院内有3座塔型建筑物：前面一座是寺院创建者炎虚法师70寿辰的纪念幢；后面两座分别是炎虚和第二代法师澍培的舍利塔。

长春般若寺

般若寺自建成以来，就是长春佛教的中心，现在是吉林省和长春市佛教协会所在地。1983年，被国务院确定为汉族地区全国重点佛教寺院。

沈阳般若寺

沈阳般若寺，位于沈河区大南街8号，由高僧古林禅师于清康熙二十三年（1684年）主持修建。宣统元年（1909年）、民国十三年（1924年），曾两次重建。20世纪60年代中期遭到破坏，1979年后进行了维修，重修塑像。在1984年10月建寺300年时，举行了佛像开光仪式。1985年被公布为市级文物保护单位。寺庙坐北朝南，二进院落，占地2289平方米，建筑面积2037平方米。主要建筑为砖木结构的硬山式建筑，是保存较好的佛教建筑群。该寺是比丘尼庙，具有布局严谨、中轴明显的特点，在中轴线上的主要殿堂有：天王殿、大雄宝殿、藏经楼。东西两侧的配房，是住持室、僧舍、厨房、斋堂及接待室等。东院是祖师堂。

天王殿两侧是山门。正面大门上悬挂着一块由著名书法家冯日庵先生书写的"般若寺"三个金字的匾额，后门上的横匾题字是"三洲感应"。两边有对联，上联是"圣蹟召垂任从劫火洞然炉宛在"，下联是"神功叵测深信金刚不怀杵犹存"。殿正中供奉泥塑贴金弥勒菩萨（又称布袋和尚），弥勒背后有手持降魔宝杵的护法韦驮菩萨。两侧有四大天王塑像，即东方持国天王（梵音多罗吒）手持瑟琶；南方增长天王（梵育毗琉璃）手持宝剑；西方广目天王（梵育毗留博义）手持一蛇；北方多闻天王（梵音毗沙门）手持宝伞。威武庄重的四大金刚，镇守山门，保护佛、法、僧三宝。大殿后院正中，屹立着铁铸宝鼎一尊，是1984年般若寺住持和众弟子所铸，上面铸有"般若讲寺"四个大字。

大雄宝殿位于天王殿之后，正殿上方高悬着著名书法家霍安荣题写的"大雄宝殿"四个金字，东侧有"诸法空相"匾额。殿门左右红柱上有对联一副："如是妙相庄严主伴斋彰灵山会俨然未散；本来佛清净圣凡一体菩提道当下圆成。"殿内有雕刻花供奉泥塑贴金的三如来佛坐像，正中是佛祖释迦牟尼佛坐像，右侧是消灾延寿药师佛，左侧是西方极乐世界阿弥陀佛。释迦牟尼佛像前，左右站立着弟子阿难尊者和迦叶尊者。佛前灯、花、幢、幡罗列庄严。殿内东西两侧山墙上绘有十六尊者的画像。三如来佛像后面的迎风屏上，是观世音菩萨、文殊菩萨、普贤菩萨的彩绘画像，生动逼真、栩栩如生。

藏经楼在二进院内，是一座青砖青瓦的二层楼房。楼内收藏"三藏十二部"佛经。

祖师堂位于寺庙的东院，建于康熙三十五年（1676年）。正殿供奉佛教28祖。殿内曾埋有唐代面釉瓷坛，上绘绿叶红牡丹。内装般若寺创始人古林禅师之遗骨。

慈 恩 寺（中国）

沈阳慈恩寺

　　沈阳慈恩寺，位于沈阳沈河区大南街慈恩寺巷 12 号，是沈阳市佛教最大的寺庙，在历史上也是一座著名的十方丛林。1988 年被命名为省级文物保护单位。相传该寺建于唐代，但据《沈阳县志》记载，由僧人惠清于清天聪二年（1628 年）创建。清顺治元年（1644 年）、道光三年（1823 年）、民国十二年均进行过扩建与重修。1987 年以来，对殿堂和佛像进行了维修，重建了北配房，新建了青砖青瓦二层楼的斋堂和库房。每逢佛教的重大节日，都举行隆重的佛事活动，前来参拜的佛教徒焚香叩拜、念佛诵经。近年来还接待了国外来访的佛教徒。

　　寺庙坐西面东，呈长方形，砖木结构，四进院落，占地 1.2 万平方米。山门外的座基上由汉白玉石栏围起，进入山门，两侧各有一座二层小楼，南北分列，接着就是钟鼓二楼。院内分三路，中路为重建的 25 间配房，有客堂、禅堂、念佛堂、方丈寮、省市佛协的办公室等；南路的配房有如意寮、习房、僧舍、办公室等。南院有塔院、库房等；北院有新建的二层楼斋堂、厨房、招待室等。各殿堂是硬山式建筑，比丘坛是歇山式建筑，前檐走廊是浮雕头柱和卷柱，结构严谨，布局壮观。

　　天王殿在一进院内，是木结构的 3 间硬山式建筑。殿内正中供奉泥塑弥勒佛像。弥勒佛像的身后为护法韦驮菩萨，弥勒佛像的两侧为四大

沈阳慈恩寺

天王。

　　大雄宝殿在二进院内，是一座有透明龙脊的宏伟建筑，脊上有"法轮常转"四个鲜红大字，瓦脊的两端有跑兽。殿内正中是佛祖释迦牟尼佛像，左侧为阿弥陀佛像，右侧是消灾延寿药师佛像。三位如来佛坐在莲花座基上，佛像高约2米，由玻璃钢塑成。三如来佛坐像的背后迎风屏前塑有观世音菩萨的站像，像高2米有余。大殿东西两侧山墙下是由玻璃钢塑成并彩绘、形态各异的十八罗汉塑像。大殿的后门两侧为文殊菩萨和地藏菩萨的坐像。

　　比丘坛在三进院内，歇山式建筑，透明瓦脊的两端有突出的孽龙大吻，脊下有横书"国泰民安"四个大字。小檐的四角各有五兽排列在四角的上端，四角的下端各塑了一人像首，象征慈祥、和善、普度众生。比丘坛是该寺讲经传戒的场所。

　　藏经楼在四进院内，是一座两层楼房共14间，为硬山式砖木结构。

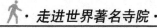

一楼为接待室、会客室。二楼珍藏两部木版"三藏"经典，是明藏和清藏版本，极为珍贵。其中遗失部分，已重新抄写，破损部分已得到修补。

潮阳慈恩寺

桐荫寺的下院慈恩寺，位于广东潮阳棉城东山曲水流山口，2001年11月5日落成开光，由住持释宗隆创建，其建筑瑰丽雄伟，金碧辉煌，耸立山腰而分外夺目。

慈恩寺在桐荫寺东侧数百米远，劈山而建。1997年至2001年，历经五载，释宗隆在师父释心印法师支持下，募资共500万元之巨，历尽艰辛，削岭凿石，铲土填凹，逐步建成。

寺坐东北向西南，总建筑面积900多平方米，分为二进：大雄宝殿、藏经楼。曲水流山路左旁，寺门高大壮丽，十分引人。门前一对石鼓，使大门更显庄严。入门，一个阔埕，走到尽头，置一门，上书"斋堂"，从这进去，是下楼之梯，可达地下室，面积近百平方米。这是设计师高妙之处，巧妙利用山地低洼之势。若不是有人引领，还不知埕下有堂。全座寺院装饰精美，除精工雕琢的石刻、木刻、各色闪光的油漆之外，连外墙上也嵌着彩瓷；山壁也皆嵌彩瓷，既安全防崩又美丽悦目，令参观者赞不绝口。后面是二层藏经楼，下层为六祖惠能祖师堂，上层为藏经、客堂、僧舍，设备高雅。

普明寺（中国）

　　沿着河南郑州向西南方向出发，穿新密，过登封，进入伊川县境10千米左右，到一个叫作丁流的古镇，跨过一座水泥拱券大桥，在公路南侧河边，你会发现一棵形状奇特的古柏。这株古柏高近 7 米，干周长 80 多厘米，全身自下而上呈螺旋状，就像是人工编扭而成。虽历经近 2000 多年岁月沧桑，依然主干挺拔，枝繁叶茂，被人称为"龙卷柏"、"神柏"。据传，此树为当年一代祖师达摩离开普明寺之日亲手所栽，以表达对于普明寺的怀念之情。

　　古柏树对面路北 60 米处，有一座金色琉璃瓦大殿，巍峨壮观，气势不凡。殿门上方，一块黑色匾额上，"普明寺"三个鎏金大字十分醒目。这就是在历史上久负盛名、素有"西少林寺"之称的千年古刹——普明寺。

　　普明寺，原名石山寺，始建于东汉明帝永平十三年（25 年）。当时，光武帝之庶子、明帝之庶兄、楚王刘英崇佛信道，好黄老之术，选中京城洛阳东南附近这块依山傍水的风水宝地，督工建造此寺，历 3 年之久而落成。盖因寺北不远处的万安山古名大石山、寺前的盘龙山多石，故初敕名为石山寺。该寺占地 1.3 万平方米，敕赐僧田 20 万平方米，有僧众 70 余人。近寺居民大多为寺内佃户，足见当时香火之盛。

　　历汉末、三国、两晋至南北朝梁武帝时，有西域高僧达摩祖师千里跋涉来到中国，梁武帝崇佛，为达摩在南京修了一所同泰寺作为其寓

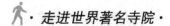

所。3年后，祖师见南梁腐败将衰，乃弃梁奔魏，所以就演出了白马追达摩和一苇渡江北的故事。

达摩渡江北上至洛阳谒见了孝文帝。然白马寺祖师天性喜静，恶京都繁扰，乃渡伊阙而东上至石山寺栖息焉。见此处清净幽僻，人迹罕至，便以此为家。因寺内僧众人多，乃于幽谷之中凿一洞府而居，如今民间流传的和尚沟达摩洞便起源于此。在孝文帝支持下，对石山寺大兴修复，孝文帝皇敕赐名为普明寺流传至今。

普明寺宝塔

达摩祖师居住于此5年之后，偶游中岳，见嵩岳雄奇险峻，便于少室山五乳峰下原有的闲居寺大行扩建为少林寺，便定居于此成为东土第一代祖师。在扩建少林寺期间，所食用的粮食是由普明寺供给的，所以少林寺僧人中至今还流传着这样一句传统俗语："住少林寺的房，吃普明寺的粮。"一千多年来，两寺僧人相互调用，两个寺院实为一个家主，因此有少林东寺、西寺之说。三代祖僧灿，即普明寺方丈，传承二代祖慧可衣钵，在普明寺方丈门口书有"三世祖庭"四个大字。三祖所用钱袋上亦书有三祖字样，少林寺僧人看到，便视为一家人回来了，即高接远送，奉之上座，盛情招待，对三祖和普明寺的看法至高无上。少林寺历传有3位上人（皇帝封号），其中一人是古峰上人，定居普明寺，是两院的住持方丈。开放后的少林一代住持方丈释行正，曾在普明寺修行多年。释永信大师及永福、永梅、永乾诸位大师皆师从行正方丈，对普明寺赞许有加。永明法师专程赠送玉雕石佛一尊，现藏普明寺。至20世纪50年代初期，普明寺还是一座完好无损的寺院，大殿、廊房、围墙、古碑应有尽有，住有僧人，行正大师大概是1948年前后离开普明寺到少林寺的。1952年，普明寺大殿被拆毁，木料被运到伊川县城修建会堂、影剧院之用，致使原来建筑物荡然无存。而今，遍布普明寺周围的遗迹还有：龙卷柏一株、大殿一座；历代僧人塔林墓葬群一处；在寺西岭上、从寺内通往西北方向和尚沟洞穴一处，当地人俗称"达摩洞"、"和尚洞"，高2米左右，宽1.5米许，长约2千米；青石质地菩萨神像一尊，高2米左右，不知何年雕成，已有残损，现存寺内大殿；莲花石桥一座，飞架于寺西南1.5千米的深沟上。

国 恩 寺（中国）

　　龙山国恩寺位于广东省西部的云浮市新兴县集成镇境内，始建于唐代高宗弘道元年（683年）。它与六祖惠能祝发道场广州光孝寺、毕生弘法道场曲江曹溪南华寺鼎足而立，并称"六祖三大祖庭"。国恩寺既是六祖肉身菩萨的故居，又是六祖弘法、圆寂以及辑录六祖"法宝坛经"的圣地。

　　在中国汉传佛教的寺院里，大雄宝殿两边供奉的罗汉一般都是十六或者十八个，而六祖惠能故居国恩寺的大雄宝殿两边却供奉着二十罗汉。国恩寺大殿为什么要多供奉两个罗汉呢？说起来这里还有一段鲜为人知的动人故事。相传于唐先天二年（713年）八月初三，六祖惠能于故居国恩寺圆寂。为使祖师所创的禅宗正旨流传于世，以神会、法海为首的众弟子便在国恩寺成立"录经堂"，把六祖一生所弘扬的正法典藏整理辑录成书。因很多邪魔歪道皆惧怕六祖禅宗正旨流传于世，故在辑录经书其间，众魔多次前来破坏，皆因有神会、法海等一批有道行的高僧舍身护法，所以这些邪魔歪道每次前来兹事均以失败而告终。就在《六祖法宝坛经》将要辑录成书之际，众魔趁夜深人静大部分护法弟子都进入梦乡的时候，放火烧"录经堂"，妄想把《六祖坛经》全部毁灭。眼看火焰将要烧到经书之际，神会奋不顾身地纵入火海并用身体遮住经书。随后法海等弟子把火扑灭了，经书被神会用身体保住了，而神会的身体和脸部却被烧伤了。通过正与邪的一番较量，最终正法战胜了邪

国恩寺美丽内景

魔，使六祖惠能所弘扬的禅宗正旨流传于世。众弟子为了表达对两位高僧的崇敬，均称其为护法罗汉，并把他们的法相供奉在国恩寺大雄宝殿两旁和其他罗汉一起永为供养。所以国恩寺大殿两旁比其他寺院的大殿两旁多供奉两位罗汉。后来佛弟子们还称神会为禅宗第七代祖师。

相传在唐武德年间，有一风水大师寻龙追穴来到新州，因长途跋涉，衣衫不整，形似乞丐，所到之处无人理睬。后来到龙山惠能母子居住的地方，惠能母子看见他实在是可怜，便热情地招待他。晚上惠能还把自己的床铺让给这位老人睡，而自己则睡于地下。这位大师因连日劳累，一就枕便呼呼入睡，可是由于床凳高低不平，当他一侧身床板就摇动，如是辗转难以入眠。惠能听知，心里不安，于是便潜入大师床底以硬物垫床凳，使床不摇动，这样大师才美美地睡了一觉。第二天早上大师起来，看见惠能还睡在床底下。大师看出惠能将来一定是个有所作为之人，于是便对惠能母子说明身份，并将所寻得的龙穴告诉惠能母子，让其安葬父亲。他说:"我所寻得的是万佛朝宗穴,不同的葬法出不同的人才。不知你要的是九代状元,还是万代香火呢?"惠能母亲说:"他父亲就是因为当官才贬到新州的,我们安分守己,不求九代状元,但求万代香火,世世平安吧。"于是大师便按其母子之意把惠能父亲的骨骸安葬于龙穴内。后来惠能出家学佛得道成为禅宗第六代祖师,受世人敬仰,真可谓是万代香火。惠能母亲去世后,六祖惠能大师又将其骨骸合葬于此穴内。故后人称此墓为六祖父母墓,并立碑纪念。"文革"时墓顶和碑文均遭到破坏,仅保留墓基和碑文图案。现在已按其原貌重新修复,以供香客参拜。

在寺的东北面有一棵距今已有1300多年的古荔,是六祖惠能带领门徒回故居时亲手种植的。虽历经兴衰,甚至在"文革"期间遭人用火烧过,但至今仍茁壮成长,巍然挺拔,枝繁叶茂,高十数丈,盛夏结果,优于它荔。日本、韩国等佛教信徒来寺寻宗访祖时,均视此树为圣物,予以参拜,且称此树为"圣树",是"佛荔"。每逢荔果成熟季节,海内外特别是东南亚国家的信众们常来此品尝佛荔果。有些信徒把荔枝叶也当成了驱邪去病的灵药,认为喝了荔叶泡的茶能使人身体健康且延年益寿。

镇 国 寺 （中国）

镇国寺位于山西省平遥县城北郝洞村，属全国重点文物保护单位，始建于北汉天会七年（公元 963 年），清嘉庆二十一年（公元 1816 年）重修。佛殿内梁架上留下许多题记墨迹及寺中现存的碑刻，为后人提供了可靠的历史佐证。

镇国寺，原名京城寺，寺分前后两个院落，前院建山门天王殿和左右钟鼓二楼，正中为大殿三间亦称万佛殿，后院东为观音殿，西为地藏殿，各为五间，中建三佛殿。

镇国寺的建筑，以万佛殿为最早，是中国大陆所存最古老的木构建筑之一。镇国寺不同于其他木构建筑的是，全寺没有一根钉子，所有结构都是木头与木头相互卯揳而成，是中国古代建筑中的一大瑰宝。

镇国寺各殿皆有塑像，其中万佛殿内塑像最为珍贵，是五代北汉天会年间建殿时的作品。万佛殿内佛坛宽大，长宽为 6.09 米见方，高 55 厘米，沿边用青砖叠砌而成，约占全殿面积一半。坛上正中设束腰须弥座，释迦佛趺坐其上，全殿共有塑像十四尊。其中除三尊（观音、善财、龙女）为明代塑造、清代重绘油彩外，其余皆为五代原作，佛坛式样，塑像配置均与五台山唐代建的地禅寺大殿略同。释迦牟尼像造型高大，结跏坐式，手势作禅宗拈花印，佛相端庄慈祥，反映了唐、五代的风格。

五代是割据战乱的时期，从那时保存至今的古代建筑全国仅有几

镇国寺观音殿

座，彩塑作品更为罕见，除敦煌莫高窟中有少量五代彩塑外，镇国寺万佛殿内的彩塑，是全国寺观庙堂中保存至今的唯一五代作品，数量虽然不多，但是所处的历史时代至为重要。这为研究我国雕塑发展史，认识唐、宋两代雕塑演进过程，提供了极为可贵的资料。

本篇简介 **B**enpian jianjie 印度婆罗门教传入我国的最早寺庙，因洞中保存完好的1055尊栩栩如生的石刻佛像而得名。

千佛寺（中国）

千佛寺位居山西省交口县石口乡山神峪村内。因洞中1055尊栩栩如生、形态各异的石刻佛像而得名。

千佛寺历史文化源远流长，经考古专家考证，千佛寺始建于元代，是印度婆罗门教传入中国的唯一最早寺庙。东汉明帝夜梦金人，乃遣秦景使于天竺，写浮屠遗范，在"西天竺月氏国遇释摩腾、竺法兰二梵

千佛寺外景

僧，白马驮经"，将佛教经典引入汉地中原。据记载，"东汉明帝永平十年（67 年），有印度释摩腾竺法兰二梵僧白马驮经，在隰州温阳县（山西交口县）创建皇家寺院白马寺、兴教寺、西明寺，建立梵宫翻译梵文经典传授佛教；同时，有印度大德檀那，在温阳山神峪千佛洞，传授婆罗门教（印度教）。"

千佛洞石窟四壁雕有佛像 1055 尊，洞内佛像最高的 1.5 米，最小的仅 14 厘米，雕工精细形象逼真，体躯比例合度，具有很高的艺术价值。其造像主佛居中，两侧二侍者、二菩萨。释迦佛结跏趺坐，帛带斜绕肩搭帔帛，右手两指上竖，此手印举世罕见。佛像基座为莲台。两侧侍立似为护法梵天。菩萨皆结跏趺坐，发髻高耸头戴宝冠，周身严饰璎珞。四壁龛内雕像姿态各异，有的盘膝端坐，手结定印；有的双手合十，虔诚供养；有的足踏莲花，超世脱尘。1055 尊造像历经岁月沧桑完好保存至今，是历史馈赠于今人的一笔宝贵文化遗产，其潜在的研究、教育、文化价值难以估量。寺内为数不多的砖雕、木雕及彩绘泥塑艺术品，亦精雕细琢臻于至美，与石刻相得益彰，更增强了千佛寺的艺术感染力。

慈照寺（日本）

慈照寺通称为"银阁寺"，位于日本京都府京都市左京区，属于代表东山文化的临济宗相国寺派。山号为东山。寺院创立者为室町幕府第八代将军足利义政，开山祖师是梦窗疎石。

足利义政在寺内兴建了观音殿，被通称为"银阁"，因此，寺院全体被称为"银阁寺"，这一名称与同在京都的"金阁寺"（正式名称为鹿苑寺）相呼应。

1473年，室町幕府第八代将军足利义政将将军职位让于嫡子足利义尚，从1482年开始，在东山的月待山麓开始建造东山山庄（又称东山殿）。这一地区还建有一所净土寺（在"应仁之乱"中被烧毁），因此近代以后，该地区被称为左京区净土寺。

应仁之乱平息后不久，京都地区民生凋敝，经济疲弊，但是足利义政为了继续建造东山殿，仍大肆向百姓征收税金（段钱）和课以劳役（夫役），独自过着风雅安逸的奢华生活。东山殿的建造共耗时8年，直到义政逝世前不久才正式完工，但义政在其完工前就急于迁至此处居住（1483年）。东山殿内建有会所、常御所等大规模设施，尽管无法与足利义满建造的北山殿（后来的金阁寺）相媲美，但也具备了一定的政治功能。然而，保存至今的建筑物只有银阁和东求堂。

1490年（延德二年）2月，为供奉逝世的义政的化身菩提，东山殿被改为寺院，后作为相国寺的末寺，创立为慈照寺。

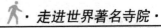

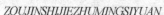

慈照寺

　　日本战国时代末期，慈照寺也曾被关白近卫前久当作别墅，这是因为慈照寺的历代住持多出自近卫家。近卫前久死后，慈照寺作为相国寺的末寺，再次兴盛起来。

　　1952 年 3 月 29 日，慈照寺的庭园被日本政府指定为特别史迹和特别名胜。1994 年 12 月 17 日，慈照寺作为古都京都文物的一部分，被列入世界遗产名录。

　　慈照寺垣庭园——以锦镜池为中心的池泉回游式庭园十分有名。庭院建造的初期模仿了通称为"苔寺"的西芳寺庭园（梦窗疎石设计），但在江户时代，庭院被大规模改修，失去了原来的面貌。"银沙滩"、"向月台"等两处沙砾造型，是在江户时代后期成型的。此外，1931 年被发掘的枯山水庭园，位于东方山麓，据说保留了室町时代的风貌。

　　银阁（日本国宝）——足利义政的山庄东山殿内建造的观音殿，后经常被用于和义政祖父——第三代将军足利义满建造的金阁相对比，因此得现名。该楼于 1489 年（延德元年）开始建造，同年不久即完成。正式名称为"东山山庄观音殿"。建筑结构为双层、宝形结构、柿葺，平面为长方形，正面宽 8.2 米，纵深 7 米。底层的"心空殿"为普通住宅风格，上层的"潮音阁"为方形 3 间（正面侧面均为 3 间）的禅宗式样（唐样）的佛殿。该楼也吸收了书院造的日本传统住宅风格，成为东山文化的代表性建筑物。

虽然鹿苑寺金阁名副其实地在建筑物表面贴上了金箔，但是银阁却没有贴过银箔的痕迹。关于这一点，有种说法是，起初建造者计划使用银箔，但后来由于政府财政窘迫，没有按计划完成。也有人认为，由于该楼是义政的隐居场所，因此起初就希望使用木材原色，而没有使用银箔的计划。慈照寺的庭园内配有众多名贵的石材和树木，体现了当时东山文化中注重茶道和禅宗文化的思想，因此也有人认为贴银箔更符合当时文化的风气。

慈照寺垣——从慈照寺寺门到庭园的入口处道路两边，保存有围墙遗迹，被称为"银阁寺垣"。

南都七大寺之一，历史悠久，是日本68所国分寺的总寺院，内供奉有名扬海内外的卢舍那大佛。

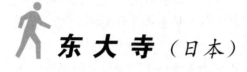

东大寺（日本）

东大寺又称大华严寺、金光明四天王护国寺等，位于日本平城京（今奈良）东，是南都七大寺之一，是728年由信奉佛教的圣武天皇建立的，距今约有1200余年的历史。

东大寺是日本68所国分寺的总寺院。因为建在首都平城京以东，所以被称作东大寺。另外有西大寺。

东大寺大佛殿，正面宽57米，深50米，为世界最大的木造建筑。大佛殿内，放置着高15米以上的大佛像。寺院内还有南大门、二月堂、三月堂、正仓院等。南大门旁有很著名的双体金刚力士像。二月堂能够俯视大佛殿和眺望奈良市区。

中国唐代高僧鉴真和尚曾在这里设坛授戒。1997年秋，出席"中韩日三国佛教友好交流会议"的三国代表曾在这里共同举行了祈祷世界的和平法会。

8世纪上半叶，在大佛殿以东的若草山麓建立起了寺院的前身。据《东大寺要录》记载，天平五年（733年）若草山麓创建的金钟寺是东大寺的起源。另有一说，据正史《续日本记》载，神龟五年（728年），第45代天皇圣武天皇与光明皇后的皇子菩提早逝，为此在若草山麓设山房，常住有僧侣9人，此为金钟寺之前身。据载金钟寺在8世纪中叶设有羂索堂、千手堂等，据推测羂索堂应为现在的法华堂（又称三月堂）。天平十二年（740年）发生藤原广嗣之乱，奈良废都，政治中枢

东大寺

辗转于恭仁京（今京都府相乐郡加茂町）、近江（滋贺）紫香乐宫、难波宫（今大阪市东区法圆坂町）之间，社会极度混乱。为求国泰民安，圣武天皇下诏各地兴建国分寺、国分尼寺。

天平十三年（741年）国分寺建立之诏发布，翌天平十四年（742年），金钟寺被定为大和国的国分寺，更寺名为金光明寺。大佛的铸造始于天平十九年（747年），"东大寺"之寺号应该是始于此时。另外，监管东大寺建设的"造东大寺司"的可考最初史料记载为天平二十年（748年）。

圣武天皇颁布大佛造立之诏是在天平十五年（743年）。当时，都城为恭仁京（今京都），天皇行宫位于恭仁京东北的紫香乐宫（今滋贺县甲贺市）。此后圣武天皇短期间内屡次迁都，天平十七年（745年）定都平城京，同时在现在的东大寺所在地开始了大佛的铸造。这是一项艰难浩大的工程，大佛铸成以后，天平胜宝四年（752年）天竺（印度）出身的僧人菩提僧正主持了大佛开眼会。大佛铸造完成后大佛殿的建设工事又接着开始，天平宝字二年（758年）竣工。

东大寺与各国国分寺在组织上虽然没有从属关系，但由于东大寺在中央，由天皇主持修建，而国分寺在地方，由地方政府的国司监造和监管，所以不仅在佛教信仰上存在密切关系，在形式上也有上下从属关系。因而从这个意义上说，东大寺也称总国分寺，此名最早出现于镰仓时代的文献里。

在日本各地建立国分寺和国分尼寺的做法，实际上是效仿中国隋唐时代在各地兴建国立寺院的作法，如兴建大云寺、龙兴寺、开元寺等，以为国祈福。光明皇后非常敬仰武则天，武则天创建的大云寺被认为是仿效的对象。武则天在洛阳造大佛铜像及在龙门奉先寺雕刻大佛石像的消息由入唐求法僧传至日本。天平十二年（740年），在参拜完河内国大县郡（今大阪府柏原市）知识寺大佛后，圣武天皇发愿"朕亦奉造"。

天平胜宝四年（752年）四月九日，举行了盛大的大佛开眼供养法会，圣武太上皇、光明皇太后、孝谦天皇与文武百官参列，万余名僧侣参加，表演并演奏了久米舞、唐古乐、高丽乐、林邑乐。有记载称："自佛法东渡以来，斋会仪未尝如此盛大过。"因圣武太上皇正在病中，故由天竺菩提僧正（菩提仟那，又名婆罗门僧正）代执开眼笔，此笔现藏于正仓院，所系"五色缕"，长及大佛殿外，无数莅临者扶之以结法缘。

公元753年，唐鉴真和尚历尽艰辛东渡日本，在大佛殿前临时建造的戒坛向圣武太上皇等僧俗授戒。大佛殿西侧的戒坛院即是鉴真和尚平时传授戒律的场所，内设授戒室（金堂）、讲堂、僧房，规模较小。不久唐招提寺建成后，鉴真和尚移至唐招提寺，而有关人员仍在这里传授戒律。

东大寺不仅是祈祷天下太平、万民安康的道场，同时还是积极推进教理研究、负有培养学僧重任的寺院。奈良时代，法相、三论、俱舍、成实、华严、律等六宗已传到日本，东大寺六宗兼学，尤重华严。南大门上高悬"恒说华严院"匾额，卢舍那佛前有灯置于一对镜子中间，灯光层层映于两侧的镜内，表示法界缘起重重无尽。大佛殿内置有6座佛龛，名曰"六宗橱子"，里面安放有各宗根本经典，门上绘有各自的祖师及守护神像。

平安时代，除六宗外，天台、真言两宗的教学研究也颇为盛行，东大寺标榜"八宗兼学"。由于鉴真和尚带来的经典被广为传诵，华严教学与天台教学关系密切起来。真言密教方面，自金钟寺时代起古密教就很盛行，更有弘法大师空海及其门下在南都奈良弘传密教的基础，因此专研密教的学僧聚居于此，建立了10余所子院（院家），如弘法大师创建的真言院（821年）、圣宝僧正（理源大师，醍醐寺开山）创建的三论真言兼学的东南院（875年）等。

东大寺的经济收入主要来源于天皇施封的五千户及数国的租税。随着收入的大幅度减少，为了补充财源，开始在大和（奈良）、伊贺（三重）、摄津（兵库、大阪交界处）、山城（京都）、北陆道等地经营庄园。管理、经营大伽蓝。庄园及物资运输都缺帮手，故而新增了许多僧人，被称为众徒、大众（后称僧兵），并形成集团，在社会上势力很大。平安末期，东大寺与权力巨大的平家一门在经营庄园方面不断产生摩擦。治承四年（1180年），源赖政奉命举兵，兴福寺、东大寺众徒与三井寺的众徒联手抗击，终被击败。由于战事，东大寺大半毁于兵火，卢舍那大佛因大佛殿烧毁而大损。

俊乘房重源上人自61岁就任大劝进一职，至建永元年（1206年）86岁去世的25年间，复兴了大伽蓝的大半。他在民间广行念佛行，长于治水架桥，曾3次入宋，因而异国寺院建筑知识丰富。他广结良友，作风果断，被誉为"廻国游行之圣"。其未竟的复兴大业由荣西（建仁寺开山）、行勇两上人继承。随着伽蓝的逐步复兴，沉闷的教学活动变得日趋活泼。镰仓时代，华严教学活动振兴，名僧辈出，其中宗性、凝然等高僧有 2000 余册著作流传至今。

战国时代的永禄十年（1567 年），发生三好、松永之乱，大佛殿再次被烧毁，卢舍那佛的头部、左手被烧落，上半身及莲华宝座受损严重。由于东大寺各地庄园已归武士所有，堺（在大坂附近）和兵库港的关税也不能征收，经济陷入危机。直至江户时代中期，卢舍那佛百余年间仍裸露在外，遭受风雨的侵蚀。在公庆上人奔走之下，元禄五年（1692 年）大佛修复完工，举行了开眼供养大法会。法会规模宏大，并与万僧供养法会同时进行，持续达一月之久。当时参加的僧众 20 余万人，结缘之人更是不计其数。宝永六年（1709 年）举行大佛殿落成法会。其后大佛殿虽经过明治、昭和时代的大修，规模趋小，但它仍是世界上最大的木结构建筑。

东大寺的伽蓝以大佛殿（金堂）为中心。在中门与南大门之间有东、西七重塔；北有讲堂、三面僧房、食堂，西有戒坛院，西北是正仓院、转害门；东侧有二月堂、法华堂、开山堂等。寺域广阔，规模宏大。

在奈良时代的日本，《华严经》广受尊崇。除知识寺内有卢舍那大佛外，大安寺内也有依据《华严经》而作的数幅画像。天平十二年（740 年），大安寺新罗僧审祥受邀到金钟寺宣讲 60 卷本《华严经》达 3 年之久。金钟寺是华严寺的前身，是日本最早宣讲《华严经》的寺院。

金钟寺是神龟五年（728 年）为纪念未满周岁即夭折的皇太子基亲王而建。当时这座寺里常住僧仅 9 人，进行《华严经》讲座等教理研究，还举行十一面观音、千手观音等古密教信仰活动。天平十七年（745 年）始建大佛，金钟寺被纳入东大寺大伽蓝。

东大寺东侧的法华堂，因本尊是"不空羂索观音"而又称羂索堂。据正仓院所藏的史籍记载：羂索堂在建造大佛的准备阶段，先于中心伽蓝的主要建筑（如大佛殿、讲堂等）建成，并在始造大佛的那一年，在羂索堂僧坊开始了教学活动。

羂索堂的本尊与十一面观音、千手观音一样，同属于密教的变化观音，从这一点上，可以看出其继承了金钟寺时代以来的传统。所以在这里进行宗教活动的人被称为"羂索堂众"，这种独特的称呼保持了相当长的时期。每年在位于法华堂北侧举行的修二会（取水节），是以十一面观音为本尊，忏悔罪障，祈求天下太平、五谷丰登的法会。据最新的研究结果表明，它并不是国家明令进行的法会，而是以实忠和尚为首的羂索堂众表达信仰的一种方式。由于每年旧历三月在羂索堂举行"法华会"，所以法华堂又称三月堂。

二月堂之名缘于旧历二月举行的修二会。二月堂东北相传有由行基菩萨（668～749年，奈良时代高僧，致力于民间弘教及社会福利事业）创建的天地院，吉祥堂、如法院、千手堂点缀左右。

法华堂作为华严宗的根本道场，是东大寺诸堂中非常重要的殿宇。时至今日，东大寺在选拔学僧时，仍在这里进行"竖义研学"（口试）仪式。二月堂是有名的观音道场，不仅修二会期间，而且一年四季香客不断。这些传统都始于金钟寺时代。

东大寺历史悠久，许多建筑及佛像、佛画都是建筑史和美术史上的珍品，具有很高的价值。尤以奈良时代和镰仓时代的佛像为著名。

举国兴建并名扬海内外的卢舍那大佛，历史上因天灾和战乱而数度修复，现在大佛的腹部及莲花座的一小部分是仅存的原物。刻于莲花座上的莲花藏世界图，从基坛上发掘出的狩猎文银壶、蝉形镊子（锭）、金佃庄大刀及镇坛具、大佛殿前的八角灯笼、灌佛会（花会）本尊——诞生释迦佛像等，都与大佛同期建造，好像均出自于造东大寺司之手。卢舍那佛深受唐代美术作品的影响，匠心独运，气势雄浑，金色生辉。

法华堂本尊不空羂索观音像，是用两年时间于天平十九年（747年）完成的脱活干漆像，三目（额上有第三只眼）八臂，象征观音菩萨超现实的普渡众生的能力。中间两只手合十，另六只手的肘部都靠近躯体，设计得天衣无缝；表情端庄，富有感染力。此像造于兴建大佛的准备阶段，当时严酷的现实生活并没有动摇人们造佛的意志，从这尊观音像中似乎可感受到人们希冀以造佛的功德来化解世间苦难的心情。

不空羂索观音像的左前方是月光菩萨像，与本尊高大坚固的造形相比，月光菩萨双手合十，身着唐服，与人身等高，表情恬适自然，面颊及双手的肌肤充分利用泥塑的特性，柔软富有弹性，惟妙惟肖，栩栩如生；衣服宽大，然腰束双带，年青的躯体与自然的服饰并不是写实，而是净化每一个细节，使之融入到自然和谐的整体之中。与不空羂索观音帮助人类挑战残酷的现实生活这一人类救世主的形象相比，月光菩萨使祈祷者的心灵净化升华，把人引入清净世界。

东大寺还保存了许多风格各异的建筑用瓦。镫瓦（屋檐圆瓦，直径19厘米）便是其中之一。它是奈良时代东大寺创建时期制造，内侧刻有双瓣八叶莲花纹，外侧是一圈大粒连珠。中心部位是一颗莲子外环六粒莲子。此瓦是兴福寺用瓦的仿制，造形简洁，莲华纹力度感强，风格独特，所以也称东大寺式瓦。

法 隆 寺（日本）

　　世界最古老的木质建筑在日本奈良县的法隆寺地区，有 48 座佛教
建筑，一直是佛教徒朝拜的中心。

　　法隆寺全名为法隆学问寺，别名斑鸠寺。公元 607 年，推古天皇根
据先帝用明天皇的遗命与圣德太子一起修建了法隆寺。该寺由东院和西

法隆寺外景

院两大部分和许多附属宙宇组成。西院重建于 7 世纪末和 8 世纪初。西院的金堂佛像殿、五重塔、中门和走廊是早期佛教建筑风格的重要典范。建于 670 年的五重塔，是日本最古老的佛塔。建于 620 年的金堂内供奉着中国北魏风格的释迦牟尼青铜佛像和药师如来像，这是日本最古老的佛像。西院寺中用木刻版压成花纹的土墙大道，是法隆寺的特色。大道尽头的中门门柱上还有外曲线形成的花纹，这又是仿希腊建筑的艺术特色。东院建于 8 世纪末，有梦殿等建筑群，寺中有 17 座被指定为国宝的建筑物，此外还有各时代的雕刻、绘画、工艺品，是佛教艺术的一大宝库。东院后面的中宫寺珍藏着一尊木刻弥勒佛像，弥勒佛一腿绕在另一腿上，头微微侧向一边，一手至腮边，显出庄严、泰然、若有所思的神情。这是奈良雕刻的登峰造极之作。

京都金阁寺（日本）

　　京都金阁寺正式名称其实是鹿苑寺，因为建筑物外面包有金箔，故又名金阁寺。该寺位于日本京都市北区，最早完成于应永四年（1397年）。除了是知名的观光旅游景点之外，也被日本政府指定为国宝，并于1994年被联合国教科文组织指定为世界文化遗产的重要历史建筑。

　　金阁寺是1397年足利家族第三代将军足利义满作为别墅而修建的。足利义满死后被改为禅寺"菩提所"。据说以金阁为中心的庭园表示极乐净土，被称作镜湖池的池塘与金阁相互辉映，是京都代表性的风景。特别是在晴好天气，可欣赏到倒映在镜湖池中金碧辉煌的金阁和蔚蓝色的天空，如同美术明信片。金阁寺还有独特的地方——游客拿到的不是参观入场门票而是写有祝福话的纸符。另外，院中的不动堂旁边有中文和韩文的神签可供占卜。

　　金阁寺住宅式的建筑，配以佛堂式的造型，和谐幽雅，是庭院建筑的杰作，表现了足利义满吸收各种文化的格调与品位。这栋"四周明柱、墙少的建筑物"，使人联想起船的结构，而下面的一池碧波则给人以海的象征，金阁就像是一艘度过时间大海驶来的美丽的船。

　　金阁寺是日本宝贵的文物和著名的旅游点。金阁寺华丽典雅，气势恢宏，将所在时代的传统文化和新兴的旅游文化融为一体，是室町时代的代表作。

远观金阁寺

金阁寺现址原为镰仓时代西园寺家所拥有的宅邸，为藤原公经（后改名西园寺公经）所建，曾经荣华一时，但在历经多代之后因为缺乏整理而倾圮。应永元年（1394 年）足利义满以位于河内国的领地与西园寺家交换获得这块当时称为"北山第"的山庄，开始大兴土木整理改建。隔年他卸下征夷大将军职位让渡给其子足利义持并出家入道，只保留太政大臣的头衔督政，应永四年（1397 年）他将北山第改名为"北山殿"，并且以舍利殿作为自己修禅的场所。义满死后，其子遵照他的遗愿，劝请梦窗国师开山，将北山殿由宅邸用途改为禅寺，并以义满的法号命名为鹿苑寺。

在之后的应仁之乱中，金阁寺境内大部分的建筑物都遭到焚毁，只有主建物舍利殿幸免，成为北山文化唯一的建筑遗址，因而在战前就被日本政府列为国宝。

今日我们所看到的舍利殿是昭和三十年（1955 年）时依照原样重

新修复建造的，昭和六十二年（1987年）全殿外壁的金箔装饰皆全面换新，成为目前的状态。

金阁寺一楼是延续了当初藤原时代样貌的"法水院"（属寝殿造风格，也就是平安时代的贵族建筑风）；二楼是镰仓时期的"潮音洞"（一种武家造，意指武士建筑风格）；三楼则为中国（唐朝）风格的"究竟顶"（属禅宗佛殿建筑）。寺顶有宝塔状的结构，顶端有只象征吉祥的金凤凰装饰。

三种不同时代不同的风格，却能在一栋建筑物上调和完美，是金阁寺之所以受到推崇的原因。除此之外，效仿自衣笠山的池泉回游式庭园里有许多风格别致的日式造景，是让它成为室町时代最具代表性名园的因素之一。

本篇简介 **B**enpian **B**jianjie 日本京都最古老的寺院，为日本国宝建筑之一，建筑艺术高超，环境优美，与京都金阁寺、二条城并列为京都三大名胜。

清水寺（日本）

　　清水寺是日本京都最古老的寺院，被列为日本国宝建筑之一。

　　清水寺于延历十七年（798 年）由延镇上人所建造，为平安时代之代表建筑物。后来曾多次遭大火焚毁，现今所见为 1633 年德川家光依原来建筑手法重建，与金阁寺、二条城并列为京都三大名胜，也是著名的赏枫及赏樱的著名景点。

　　宝龟九年（778 年）开始，延镇上人在音羽的瀑布上参拜观音。到了延历十七年（798 年），坂上田村麻吕把它改建为佛殿，从此成为恒武天皇的敕愿寺。

　　清水寺因寺中清水而得名，顺着奥院的石阶而下便是音羽瀑布，清泉一分为三，分别代表长寿、健康、智慧，被视为具有神奇力量。游客路经此地一定会来喝上一口水，据说可预防疾病及灾厄。

　　清水寺为栋梁结构式寺院。正殿宽 19 米，进深 16 米，建筑气势宏伟，结构巧妙，未用一根钉子。寺中 6 层巨木筑成的木台为日本所罕有。寺内有近 30 栋木结构建筑物，有正殿、钟楼、三重塔、经堂、地方神社、成就园等。正殿列为日本国宝级文物，殿顶铺有数层珠形的桧树皮瓦。现存的大部分建筑始建于公元 1633 年，被定为国宝的主堂是由 139 根立柱支撑的，宛如硕大的舞台，又称"清水舞台"。本堂的下方有著名的"音羽瀑布"和祈求分娩顺利的"子安塔"，后者被列为重要文化遗产。寺院周围是京都的名胜古迹，春天樱花盛开，秋天红叶

清水寺全貌

似火。

　　清水寺本堂正殿供着 11 面千手观音立像，每隔 33 年才开放参观。

　　现在的清水寺东西方有西门、三重塔、经堂、开山堂、轰门、朝仓堂、本堂、阿弥陀堂。周围的建筑有仁王门、马驻、钟楼、北总门。

　　寺庙中心的本堂——清水舞台是宽永十年（1633 年）修建的建筑物。它雄伟壮丽。除了本堂外，寺庙东边设有引用江户时代初期的技法来修建完成的成就园庭院。

　　清水寺的西门建于公元 1607 年，建筑外观色泽鲜艳，雕刻细致有加，建筑形态呈单层八柱。

　　从清水坂前往清水寺道路两侧，除了有京都传统木造住宅林立外，沿途还有古老的神社和寺庙，无不充满宁谧与静穆气氛。古时候来到清水寺参拜的武士，通常先把马匹栓在仁王门前面清水坂上的马厩里，因此这个马厩就成为室町时代遗留至今的建筑物。

清水寺寺内樱花怒放

　　从"清水舞台"放眼望去，大半个京都的景色尽收眼底。如天气晴朗，还可以远眺大阪。殿旁有一眼清泉，被称为金水，传说，掬饮金水就能一切如愿。寺内另外 16 栋建筑也属国家重点文物，其外形各具特色，与正殿相映成趣。寺中的音羽瀑布，流水清洌，终年不绝，被列为日本十大名泉之首，清水寺之名也由此而来。

　　清水寺的后侧，有一处叫地主神社的小神社，神社和寺庙，本是风马牛不相及的两个宗教的顶礼膜拜场所，凑在一起也许是唯有在日本才能见到的景观。

　　1994 年，作为古京都文化遗产的一部分，清水寺被列入世界文化遗产名录。

唐招提寺（日本）

　　位于日本奈良市西京五条街的唐招提寺是著名古寺院，寺内有金堂、讲堂、经藏、宝藏以及礼堂、鼓楼等建筑物。其中金堂最大，以建筑精美著称。有鉴真大师坐像。金堂、经藏、鼓楼、鉴真像等被誉为国宝。最盛时曾有僧徒 3000 人。国内外旅游者众多。

　　唐招提寺是日本佛教律宗的总寺院，这座具有中国盛唐建筑风格的建筑物被确定为日本国宝，是由中国唐代高僧鉴真和尚亲手兴建的。唐代高僧鉴真（688～763 年）第六次东渡日本后，于天平宝字三年（759 年）开始建造，大约于 770 年竣工。寺院大门上红色横额"唐招提寺"是日本孝谦女皇仿王羲之、王献之的字体所书。寺内，松林苍翠，庭院幽静，殿宇重重，有天平时代的讲堂、戒坛，奈良时代（710～789 年）后期的金堂，镰仓时代（1185～1333 年）的鼓楼、礼堂及天平时代以后的佛像、法器和经卷。御影堂前东面有鉴真墓，院中植有来自中国的松树、桂花、牡丹、芍药、"孙文莲"、"唐招提寺莲"、"唐招提寺青莲"、"舞妃莲"、"日中友谊莲"和扬州的琼花等名花异卉。

　　寺院的主殿——金堂，正面 7 间，侧面 4 间，坐落在约 1 米高的石台基上，为天平时代最大最美的建筑。金堂内供奉着金色的主佛卢舍那佛像，高 3.7 米，为奈良时代特有的脱乾漆造，其两侧高 5.36 米的千手观音佛立像和高 2.03 米的药师如来佛立像，都是木心乾漆造。3 尊大佛像前还有梵天、帝释天两尊小像和四尊天王的木雕像，堂内还有平

唐招提寺

安初期大日如来的木雕佛像，其中金堂、卢舍那佛像、千手观音佛像、药师如来佛像都是日本的国宝。

　　金堂后面，面宽 9 间、单檐歇山顶的讲堂，也是日本的国宝。它原是建于 8 世纪初的平城宫中的朝堂，在建寺时由皇家施舍，后迁入寺内，为平城宫留下的唯一建筑物。讲堂内有一尊涂漆加色的弥勒如来佛像，佛像两侧有两个外形似轿的小亭，是当年鉴真师徒讲经之地。讲堂庭院里的藏经室，收藏有 1200 多年前鉴真从中国带去的经卷。

　　建于 1688 年的御影堂内，供奉着鉴真乾漆夹造的坐像，高 2 尺 7 寸，面向西方，双手拱合，结跏趺坐，团目含笑，两唇紧敛，表现鉴真于 763 年圆寂时的姿态，已被定为日本国宝，每年只开放 3 天供人瞻仰。日本著名画家东山魁夷为御影堂绘制的 68 幅屏障壁画，有《云影》、《涛声》、《黄山晓云》、《扬州薰风》、《桂林月宵》和《瑞光》等。

唐招提寺主殿——金堂

　　在经堂和讲堂之间，东边是鼓楼，西边为钟楼。鼓楼是楼阁式建筑，上下两层都有平台环绕。鼓楼往东是礼堂。寺内还有地藏堂、三晓庵、本愿殿等建筑。

本篇简介 **B**enpian **B**ijianjie　　醍醐寺是日本佛教真言宗醍醐派的总寺，分为上醍醐和下醍醐两部分。寺内珍藏着许多佛图和古文书。

醍 醐 寺（日本）

　　醍醐寺位于日本京都市伏见区，是日本佛教真言宗醍醐派的总寺，相传是日本真言宗开宗祖师空海的徒孙圣宝于 874 年创建。该寺于 1994 年作为"古都京都的文物"被列为世界文化遗产，寺中的金堂、五重塔等许多建筑物也被指定为日本的"国宝"。

　　醍醐寺得醍醐天皇尊崇，不断扩建，形成现今规模。

　　除了五重塔外，全寺其他建筑皆因战火被毁。1598 年，借武将丰

醍醐寺

臣秀吉赏花之际重建。内拥有京都最古老的木结构建筑——五重塔、金堂等众多的国宝。在这里，每年4月的第二个星期日有"太阁花见行列"，再现当年丰臣秀吉举办赏花会的盛况。

醍醐山一带寺院众多，仅堂塔建筑便有80余座。醍醐寺山门右手的规模宏大的庭园——三宝院，是代表丰臣秀吉桃山时代的重要宝藏。丰臣秀吉鼎盛时期在此举办盛大的"醍醐赏花会"，尽显登峰造极之势，醍醐寺也因此天下闻名。

寺院分两部分，山下为下醍醐，山上为上醍醐。从下醍醐的仁王门入内，左围三宝院，右围灵宝馆。三宝院为桃山时代书院建筑，内围葵之间、表书院、纯净观、护摩堂等，每间房内的墙壁和扇上兜围江户时代名画家石田幽汀和狩野山乐的彩色障壁画。三宝院庭园系由丰臣秀吉设计建造。灵宝馆内珍藏着许多佛图和古文书。

本 愿 寺（日本）

　　本愿寺是日本佛教净土真宗本院寺派的本山。净土真宗的创立者是亲鸾圣人（镰仓时代）。石山本愿寺，原称山科本愿寺，是佛教净土真宗本愿寺派第八代门主莲如（门主：教派首领）于 1483 年在京都山科建立的，后传到十代门主政如迁移到的摄津国石山（今大阪市中央区），称"石山本愿寺"，是本愿寺派的本山（宗庙）所在。

　　亲鸾圣人死后，女儿觉信尼于文永九年（1272 年）在东山大谷建了一座庙堂，龟山天皇赐名为"本愿寺"（现在讲到的本愿寺，一般就是指西本愿寺）。

　　西本愿寺是日本京都最大的寺院，属净土院，为大乘教的一派。

　　西本愿寺于文永九年（1272 年）创建于东山，天正十九年（1591年）迁至现址。

　　据说日本光净土宗寺院就有 9000 多所。西本愿寺是净土宗的代表，它建造得宏伟壮丽，金碧辉煌。由于佛教是从中国传入的，所以西本愿寺的建筑还保存着许多盛唐和宋元时代的色彩。如列为国宝的"唐门"，正面就雕饰有唐代风格的狮子，侧面雕有中国古代尧舜禅让、许由颖川洗耳的故事。西本愿寺的虎溪庭完全是按照江西庐山虎溪的造型建筑的。寺内的黑书院、白书院、招贤殿里面珍藏的许多中国古画，都是中日两国千百年来亲密交往的见证，是两国人民共同谱写的优美乐章和史诗。

西本愿寺的建筑反映了绚烂豪华的桃山时代的艺术风格。寺内安置有开山始祖亲鸾圣人坐像。其飞云阁与金阁、银阁共称为京都三阁，是日本国宝之一。

西本愿寺已列为联合国世界文化遗产。

东本愿寺大火后重新建造时，据说十分不顺利。为搬运建筑用材，欠缺绳索，女性信徒乃将美丽象征的长发捐出，将其编织成为粗大绳索，以作为搬运建材之用。这条直径40厘米、长110米、重1吨的"太纲"，现在仍于寺中走廊陈列着。

寺内占地面积广大，境内东西约200米、南北约400米，里面排列着巨大的伽蓝。其中左边的阿弥陀堂祀奉着圣德太子及法然上人；中间的大师堂号称有927块榻榻米宽，供奉着亲鸾圣人的御真影，据说是世界最大级的木结构建筑物。而高27米的大师堂门与知恩院、南禅寺合称京都三大门。其中"钟楼"是从公元1602年创建时流传至今日的。

东本愿寺

在东本愿寺的右方，有东本愿寺的别院涉成园，本来为平安时代天皇的寝宫。园内遍植梅花和樱花，还有书院、庭园和小池，造景十分优美，是书院式的回游庭园。

本愿寺太鼓楼

佛国寺（韩国）

　　佛国寺坐落在韩国庆尚北道东南的吐含山山腰处，离庆州约 10 千米，是韩国著名的古迹之一，于 1995 年 12 月被列为世界文化遗产。佛国寺创建于新罗法兴王二十二年（535 年），751 年新罗景德王时期国相金大成重建，但壬辰之乱时全寺大部分建筑物被烧毁，只有当时的石造建筑物得获保全，如三层石塔和多宝塔等各种建筑物的基座和紫霞门、安养门前的大型高台以及可以拾级而上的石桥形石砌台阶，这些大都是公元 750 年前后建造的。

　　寺庙中所有木结构建筑物都是后世复原重建之物。现存的寺院规模只有原来的十分之一。在佛国寺的入口处有一片葱郁茂密的树林。掩映在绿叶之中的山门上书有"吐含山佛国寺" 6 个金光闪闪的大字。门内并排建有两座很高的双层石坛，向着石坛架有几座石桥。一面是青龙桥、白云桥，一面是莲华桥、七宝桥。桥下以前曾建有九品莲池，后遭毁坏。从七宝桥往上可到达紫霞门，门内有大雄殿。殿的两侧各有一塔，西塔俗称释迦塔，高 8.2 米，是新罗的典型石塔，外形质朴，匀称美丽；东塔称多宝塔，高 10.4 米，是建在双层基座上的三层石塔，为新罗石造美术的代表作品。在极乐殿内供奉着金铜毗卢遮那佛和阿弥陀佛，都是新罗统一时代铸造的珍贵文物。佛国寺属伽蓝布局形式，其特点一是以大雄殿为中心，紫霞门、无说殿左右的回廊环绕的院落和以极乐殿为中心，从安养门左右至极乐殿后的回廊环绕的院落东西并列；另

佛国寺紫霞门

一个是释迦塔和多宝塔双塔式伽蓝的双塔形式。此外，金堂大雄殿的基
座、无说殿和极乐殿的基座也属伽蓝建筑物基座形式。佛国寺的石造古
迹都是用花岗岩建造，其形态、建筑方法均为当时土木建筑技术之精
髓，华丽宏伟，表现出一种平衡和谐之美，是韩国石造艺术的宝库。佛
国寺被誉为韩国最精美的佛寺，是迄今香火始终不断的为数不多的寺刹
之一。

韩国三大佛寺之一，寺中珍藏有世界级文化遗产高丽大藏经，是世界上唯一一座保管大藏经的寺院。

海印寺（韩国）

　　海印寺是韩国三大佛寺之一，位于庆尚南道伽耶山南侧山麓，是新罗衰莊王（802年）时，由顺应、利贞两位大师所创建。后因多次遭受火灾，除憧千支柱和石塔，大部分均被烧毁。到李朝末期重建时，主要建筑有一柱门、凤凰门、脱解门、九光楼、冥府殿、大寂光殿、法宝殿等。寺内的墙壁上还绘有李朝时代的风俗画。

海印寺

海印寺中最著名的建筑是藏经板库，因为里面存放着 13 世纪问世的世界级文化遗产高丽大藏经板而著称于世。藏经板库建成于 1488 年，建成后从未遭受过战乱和火灾，是世界上唯一一座保管大藏经的建筑物。这座建筑在海印寺的伽蓝布局上，与大寂光殿同位于中轴线上。其建筑方法是朝鲜王朝初期传统的木结构建筑形式，不仅外观雄壮优美，而且内部设计也考虑到了可以自然换气，有调节温度和湿度的功能，以利于经板的保存。藏经板库中存有大藏经板 81340 块，号称《八万大藏经》，总字数约有 5200 万之多，据称无一字错漏，既工整又精致，具有很高的艺术价值。在现存的大藏经中，这一部历史最悠久，内容最完善，是世界闻名的文物。

　　大藏经系高丽高宗二十三年至三十八年（1236～1251 年）所刻，均以欧阳询体刻成，8 万多块经板如出一人之手，足见当时雕版技术的高超。每块经板横宽 69.5 厘米，竖长 23.9 厘米，每版刻字 23 行，每行约 14 个字。八万大藏经是一部佛教典籍丛书，集佛教经、律、论三藏之大成，是研究世界佛教的宝贵文献。这部大藏经对世界佛教研究具有十分重大的意义，日本新修大藏经时以此为准，中国也重又将其引回国内，还流传到了英、美、法、德等西方发达国家。大藏经板和板库于 1995 年 12 月被列为世界文化遗产。

本篇简介
Benpian
Jianjie
朝鲜名刹，文化瑰宝。其内有大雄殿、万岁楼、观音殿等
10多幢建筑和古塔、石牌等。

普 贤 寺 （朝鲜）

　　普贤寺是1042年（高丽时期）建成的，以24殿阁（243间）组成
的朝鲜名刹，是朝鲜的文化瑰宝。初期，此寺是华严宗的一座寺院，后
改为曹溪宗（禅宗）的一处福地，几经兴衰。现在，寺内有大雄殿、万
岁楼、观音殿等10多幢建筑和古塔、石牌等，还保存着《八万大藏经》
全套刻本6793卷。寺中还有上元庵、祝圣殿、佛影台、下毗卢庵等古
建筑，与自然风景相映生辉。本寺四周则有群山环绕，为古建筑增添
异彩。

　　普贤寺是朝鲜佛、法、僧三宝地位很高的古刹。壬辰卫国战争
（1592～1598年）时，从庆尚南道梁山的通度寺移来部分释迦舍利，建
立了释迦佛祖舍利塔；又从庆尚南道陕川的海印寺移来了《八万大藏
经》全套刻本。16世纪的著名高僧、朝鲜爱国僧人兵将西山大师
（1520～1604年）在这里度过了后半生，17世纪反后金侵略中又涌现了
许多爱国僧人兵将。

　　朝鲜解放战争时期，普贤寺的中心建筑大雄殿等14幢建筑和7400
多件文物，因遭美国空中轰炸而焚毁。战后，政府采取措施，修复了被
炸毁的高丽时期建筑。此寺主建筑大雄殿、万岁楼等都已复原。大雄殿
里供奉着毗卢扎那佛、释迦佛和阿弥陀佛，也供奉着文殊、普贤菩萨。
山里的许多庵堂也得到整修或大修。

　　为永久保存《八万大藏经》，20世纪80年代特地在该寺内建立了

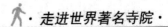

普贤寺前门

保存库，整修了吉祥阁等附属建筑。从曹溪门经过解脱门、天王门、万岁楼到大雄殿的寺院轴线上的建筑和观音殿、灵山阁等周边，都有茂密的桧树林和海松林，还有四季都有花开的数万平方米园林。

今天，晋贤寺僧侣和信徒在这里进行着宗教仪式、经典研究、劳动实践相结合的修行，还同世界许多国家的佛教徒进行友好交往。世界五大洲的友人和旅外侨胞来参观者与日俱增。寺住持和僧侣还访问过东南亚的一些国家和中国，会见了这些国家的佛教领导人，参观了许多佛教圣地和著名寺庙。

进普贤寺要进三道门。先进曹溪门，接着是解脱门，据说走过解脱门的人，一切痛苦和疲劳就都解脱了。再过天王门，天王门中塑有四大天王像，为1644年所造。过天王门再过万岁楼，就见到了普贤寺的主

普贤寺之大雄殿

殿——大雄殿。

　　大雄殿是普贤寺最华丽最大的建筑，位于寺院正中央，建筑结构如同中国的寺庙。黑色的鱼鳞瓦，朱红色的圆木柱子，金色的门楣，大殿正门面额上的牌坊黑底金字写着汉字"大雄殿"。

　　大雄殿门扇镂刻着不同的、奇异美妙的图案。刀法纯熟，镂木如玉。大殿上方的彩色斗拱，完全是木质结构，卯隼相合，斗椽交叉，层层叠起，处处描金，画中有雕，雕中套画，体现了古代朝鲜巧夺天工的建筑艺术。

　　大雄殿内的毗卢扎那佛、释迦牟尼佛和阿弥陀佛，还有文殊菩萨和普贤菩萨，也是金身灿烂，面阔眉善，两耳垂肩，或双手合十，或盘腿打坐，与中国的佛堂并无二致。大雄殿内设有功德箱，向游人化缘。

　　朝鲜的法律保护宗教，光复以来普贤寺的修理都由国家投资，信徒们的施舍只做和尚们的生活费用。和尚们在这里修身养性，研究佛学，还同世界其他国家的佛教界同行进行友好交流和往来。

走出大雄殿，沿着用妙香山特有的黑白相间小石子铺设的通道，来到寺院里。院子里海松苍绿，桧树低垂，焚香缭绕，环境典雅。有一棵生长了 400 多年的老桑树，枝繁叶茂，是天然文物。

大雄殿前有座八角十三层石塔，基本与大雄殿同高，建于 1042 年，是普贤寺的镇寺之宝，经历风雨沧桑，底座部分白石变成了褐色。围塔观之，石塔非常具有朝鲜民族特色，底大顶尖，依次渐小，宛如叠罗在一起的八角帽，给人一种玲珑剔透的感觉。石塔不论哪一层的哪一角，都与上下角连成一线，绝对不差分毫。石塔的每一个角上都有一个小铁钩，那是当年挂风铃之用。

在八角十三层塔对面还有一座四角九层塔，它古朴雄浑，建于 1044 年，比八角十三层塔晚两年。

在普贤寺后面的鹤起峰和龙珠峰之间，还建有一座观音殿，其建筑风格基本同大雄殿相似。供在殿内的观音菩萨金身宝莲座，眼睛半睁半闭，慈眉善目，活灵活现。

普贤寺寺中有祠，这就是酬忠祠。壬辰倭乱期间，73 岁的和尚西山大师组织 5000 多名徒弟、起义兵同日本人血战。大师 86 岁时在这里仙逝。后人为了纪念一代忠烈，建此祠。酬忠祠里至今保存着西山大师的画像，左右还有他的主要徒弟的画像。金日成主席曾经在视察这里时夸奖西山大师的爱国精神。

阿巴耶祇利寺（斯里兰卡）

阿巴耶祇利寺，是斯里兰卡古城阿努拉达普拉古寺，因位于城北，有"北寺"之称。公元前89年，伐多伽摩尼·阿巴耶击败泰米尔人入侵复位后，为报答14年逃亡期间的恩人摩诃帝沙长老的恩德，按照原

阿巴耶祇利寺佛牙殿里的佛像

· 走进世界著名寺院·

发誓言，拆毁了耆那教寺庙，在原址上修造新寺。耆那教寺庙的长老祇利当伐多伽摩尼·阿巴耶逃亡时，曾对他高声讥笑。于是，伐多伽摩尼·阿巴耶将自己名字中的"阿巴耶"和讥讽他的祇利的名字合在一起，作为寺名，以示国王并非懦弱之徒，而是大无畏的国王，所以此寺又称为"无畏山寺"。

公元 2 世纪，伽阉巴忽一世时代将寺扩建。后摩哂陀二世又在寺内修建一座"宝宫"，即"布萨堂"。整个寺庙的正面建筑物的石柱上刻有风格和主题都很特殊的浮雕。石柱的表面分为若干方格，其中刻绘插着鲜花的花瓶、大象、大小孔雀、棕榈叶形图案以及爱神雕像，方格之间隔以狮子、大象、马和公牛；在较短的石柱上刻有动物形象和人形的"那伽"；在其它石柱上刻有描绘天神或转轮圣王的形象。雕刻细腻，造形柔和，姿态优美。至室利弥伽梵纳王（303～331 年）在位的第九年，有一化装成女婆罗门的公主，从羯陵伽的檀多补罗把佛牙舍利送来斯里兰卡，室利弥伽梵纳王接受了佛牙舍利，奉安于此寺，以供公众瞻拜。寺附近有双池，其石工雕刻十分精美，亦为游赏胜处。爱尔兰著名旅行家兼作家詹姆斯·坦南特曾在有关锡兰岛的著作中描述此寺的规模时说，建造这座寺庙所用的材料之多，足以修建 8000 间房子，每间门面宽 20 英尺（1 英尺≈0.3 米），可占满半英里长的 30 条街；或修建一座像英国伊普斯威奇或印度的康文德里一样规模的城市；或修建一条 20 英里（1 英里≈1.6 千米）长的铁路隧道；或修建一堵 1 英尺厚、10 英尺高的从伦敦到爱丁堡的墙。由其描述，足见寺庙之巍峨壮观。

佛牙寺 *(斯里兰卡)*

　　佛牙寺是斯里兰卡著名的佛寺，为佛教徒朝圣地，又称"达拉达·马利戛瓦"，位于古城康提湖畔，以供奉佛祖释迦牟尼的佛牙而闻名。

　　佛牙寺始建于 15 世纪，后经历代国王不断修缮扩建，整个建筑规模宏伟。主要入口处在西门，周围有护寺河环绕，寺院建在高约 6 米的台基上，分上下两层，厅堂套厅堂，结构复杂，其中主要有佛殿、鼓殿、长厅、诵经厅、大宝库、内殿等。核心是二层的内殿，供奉国宝佛牙。内殿正中供奉着一尊巨大坐佛，金光灿灿，佛前朵朵莲花和佛烛桌案，香火缭绕不绝，殿左侧的暗室则为安放佛牙之地。暗室里有一座 7 层金塔，金塔内又有 7 个小金塔，一个罩着一个。每层小金塔内藏着各国佛教徒供奉的珍宝，最后一个小金塔不到 1 米高，塔顶饰有一枚钻石，塔里有一朵金莲花，花心有一玉环，长约 5 厘米的佛牙就安放在这玉环的中间。每日早、中、晚 3 次在震慑人心的鼓乐声中，由 3 位高僧，分持 3 把不同的门匙开启内殿大门，进入内殿，举行隆重的敬拜仪式，仪式之后再开启内殿拱门，让信徒与游人从门外鱼贯瞻仰供奉佛牙的佛牙塔。

　　佛牙寺四周有高墙围绕，围墙四角各建有一庙，即纳特（观音）庙、摩诃庙、卡多罗伽摩庙和帕蒂尼女神庙，据说这四座庙是为了保护佛牙建立的。每年七八月份都在这里举行隆重仪式，人们举着火炬击鼓、舞蹈，还有上百头披着节日盛装的大象参加盛大游行，热闹非凡。

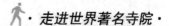

佛牙寺外景

佛牙寺保安严密，门口由军警把守，所有入寺者均须经过检查，入寺者一律脱鞋，服装必须端庄。黄昏时分的敬拜仪式，吸引众多的信徒与游客，夕阳沐浴下的佛牙寺，焕发着祥和的光彩。

金佛寺（泰国）

金佛寺，又称黄金佛寺，是泰国华人对该寺的称呼，位于华南蓬（Hua Lamphone）火车站西南面的唐人街，曼谷火车总站附近，若搭乘地铁，可在华南蓬站下车，西南不远即是。该寺为泰国著名寺庙，泰国三大国宝之一。据说这座寺院由三位华人集资建成，故又称三华寺或三友寺。

金佛寺因供奉一尊世界最大金佛而闻名。一尊用纯金（另一说是约 60％含金量，此有待考证）铸成的如来佛像，重 5.5 吨，高近 4 米，盘坐的双膝相距 3 米有余，金光灿烂，庄严肃穆。是泰国素可泰时代的艺术品，也是泰国和佛教的无价之宝。

金佛被发现的年代大约在 700 多年前，据说佛寺所在地本来颇为荒凉，后来华人逐渐聚居。他们把扔在荒

金像

山上的一个无人肯要的佛像雇车搬了回来，搬运时，佛像可拆卸成 9
节。几经周折，运抵寺庙后，佛身有一块铁壳掉下，露出里面金光闪闪
的金佛像身。把所有铁壳敲掉后，金光闪亮的完整佛身露了出来，因此
名闻全国，后定名该寺为金佛寺。

另有一传说，称这尊金佛建造于素可泰王朝，后来外敌入侵，为了
防止金佛被当时外来入侵者掳走，爱国志士在其身上涂以灰泥，埋在土
中达 300 多年，后被发掘出土，但因佛身涂了灰泥，不够美观，被供奉
在湄公河岸的帕开旧庙里。后因庙址改建仓库，在搬运金佛时不慎摔了
一下，佛身灰泥脱落，显露出一尊形态栩栩如生的金佛，遂成为稀世珍
宝，乃运来曼谷，供奉寺内，供信徒们顶礼膜拜。

玉佛寺（泰国）

位于泰国首都曼谷的玉佛寺，是泰国佛教最神圣的地方，又称护国寺，是泰国唯一没有和尚居住的佛寺。该寺最引人注目的是供奉的 68 厘米高的玉佛，价值连城，被称为泰国国宝。作为大王宫的一部分，玉佛寺是泰国国王举行登基加冕典礼及王室举行佛教仪式和进行各种祭祀

金碧辉煌的玉佛寺

活动的场所，每年在季节变换之际，国王都要亲自为玉佛更换锦衣，以保国泰民安。

玉佛寺建于 1784 年，面积约占大王宫的 1/4。寺内有玉佛殿、先王殿、佛骨殿、藏经阁、钟楼和金塔。

玉佛殿是玉佛寺的主体建筑，大殿正中的神龛里供奉着国宝玉佛像。玉佛像是由一整块碧玉雕刻而成。宝殿在日出时，其金墙就会闪亮生辉，十分耀眼。玉佛通体苍翠，隐约泛出绿光，所以寺院又称之为"绿宝石寺"。寺院厚墙上装饰着金翅鸟像。镇庙兽则驻守着阶梯，门上刻着勇猛的守护神，使得妖魔邪灵不敢靠近。

寺内四周有长约 1 千米的壁画长廊，上面绘有 178 幅以印度古典文学《罗摩衍那》史诗为题材的精美彩色连环画，并附有泰文译诗。玉佛寺内的几块大瓷屏风上彩绘着中国《三国演义》的故事。

这尊玉佛，历来成为印度、斯里兰卡、老挝、缅甸及泰国之间的争夺对象，因为据说它将为主人带来好运。经过一番"长途跋涉"，玉佛于 1434 年在清莱被发现。后来玉佛寺建好后，这尊佛像就被供奉在其大雄宝殿内。

玛哈达寺（泰国）

　　玛哈达寺是泰国南部著名佛寺。"玛哈达"是"伟大遗迹神龛之寺"之意。位于洛坤市区内，规模很大，建筑众多。寺内有一大金塔，华人称为洛坤金塔，相传是公元 757 年间（佛历 1300 年）所建。1157 年锡兰佛教全盛时期，拍昭是贪玛速叻王执政时，下令仿锡兰式改建。塔高 70 米，耸入云霄，塔尖镶贴黄金约 800 千克，金光灿烂，为泰南著名佛塔。寺内右边有小丘，丘上有供奉佛足迹的小亭。佛足迹用大理石雕成，长 2 米，宽 0.5 米。分成一个个小方格，每格里精雕各种佛像和动物图像，1907 年完工，放置在一个不到 1 米高的架上，四周是精工细雕的花纹木框。从小亭向前，四廊都是佛像，约有 200 尊。过了佛廊有多座白塔，埋藏纳那空王族后裔的骨灰。

　　白塔近傍塑有 8 尊佛像，相传是洛坤城 8 位城长公子所铸。塔右边的一棵菩提树，据说是从印度移来的。过了白塔，有一座古老铜钟，上刻有"佛历 2230 年（公元 1687 年）7 月 27 日星期五"字样，游客到此，击钟礼佛，钟声嘹亮，响彻云霄。过了铜钟是神马殿，殿内塑有佛祖骑马游山，乃参纳手抓马尾追随在后，四周有天神护卫的佛像，殿因而得名。殿内右壁绘有 3 尊立佛图。神马殿之前是佛骨塔，有红漆梯级可直上塔顶，梯级口塑有守护神、石狮和巨蟒等。神马殿旁边是泰国博物馆分馆，收藏有许多古代佛像、盘碗器皿以及各种珍贵文物，还有几百枚古代金戒指。馆中最名贵的是金银树和金银佛，每株金银树和每尊金银佛都书明何人何年所铸，金银树以金银片塑叶，金银块塑干，是洛坤全盛时期各藩属的贡品。最大的一株银树，高人一头，还有三、四株高及人眉。有2尊名贵的金佛，一尊高2米，全身嵌满宝石；另一尊立佛高1米，全身包以纯金。在另一陈列室里有一尊拍普他西益佛，佛像四周摆列各种陶瓷器、盘碗、古代石碑等。右边是三章殿，殿内的玻璃柜里供奉一尊拍昭是贪玛速呐像。殿后埋藏大城王族和那空是贪玛呐王族后裔骨灰。此外还有一条"巴汪"（鲸鱼）骨骸，长约13米。拳击骨架，声如坚木。

每年10月在玛哈达寺举行礼佛盛会，连续10昼夜，香火旺盛。

玛哈达寺

阿克萨清真寺（巴勒斯坦）

阿克萨清真寺是伊斯兰教第三大圣寺，地位仅次于麦加圣寺和麦地那先知寺。该寺位于巴勒斯坦耶路撒冷东区旧城东部沙里夫内院的西南角。建成于公元705年，为伊斯兰教圣地之一。

阿拉伯语"阿克萨"，意为"极远"，故该寺又称"极远寺"。该名称来源于伊斯兰教先知穆罕默德，于621年7月一个夜晚由天使吉卜利勒陪同自麦加，乘天马到耶路撒冷登霄夜游七重天的传说。

该寺于705年由伍麦叶王朝哈里发阿卜杜勒·麦利克·本·麦尔旺主持始建，后由其子瓦利德于709年建成。该寺建在原圣殿教堂残存的基墙上，教堂的完好部分也被修建在寺中。780年毁于地震，后几经翻修，932年，阿巴斯王朝第十九任哈里发嘎希勒斥巨资重建了极远寺，使用方块条状石料砌筑墙壁，庄重伟岸而坚固，高大厚实，千年不朽。在古代，神圣的建筑物均是石头所砌。起初，极远寺实际上就是那么一座平顶寺殿，与一般教堂无大区别。公元11世纪初增建了具有伊斯兰特色的大圆顶，镏金装饰，使其高高矗立于蓝天碧空，在耶城的骄阳下熠熠生辉，更显庄严辉煌。极远寺改建后，礼拜大殿长90米，高88米约30层楼高，宽36米，殿内耸有53根大理石圆柱，49根大理石方柱，擎撑着屋顶。此前极远寺只有东西两面有门，因是面南礼拜，所以又开了一道北门。极远寺整体建筑显得高大宏伟，气势壮观。大殿可容纳5000人礼拜。西方历史学家称该寺是"地球上最豪华最优美的建筑物和历史遗产"。

1099 年，十字军占领耶路撒冷后，将该寺的一部分改为教堂，另一部分当作神庙及骑士团的营房和武器库。1187 年，埃及阿尤布王朝素丹萨拉丁从十字军占领下

阿克萨清真寺

收复耶路撒冷后，下令修复该寺，用彩石镶嵌的图案修饰圆顶，重建凹壁，殿内安装精制木刻宣教台。寺内还有一座长方形的礼拜殿，内有大小厅堂各一间，大厅称阿齐兹厅，小厅极华丽，内设凹壁，称宰凯里雅凹壁。清真寺的北门有 1 座高大的门廊，系阿尤布王朝素丹伊萨于 1217 年所建，由 7 个独立的拱门组成，每一座拱门又与清真寺大殿的一扇门遥遥相对。寺前有"卡斯"水池，为人们礼拜前作小净处。

在圣寺大院内，还有一些辅助性的伊斯兰建筑，如纪念先知登宵的建筑物登宵圆顶亭。标志圣寺大院中心位置的顶圈圆顶亭，由哈里发麦尔旺建造。麦尔旺殿廊，在寺院的东南角，其中有一段系建于地面以下的拱顶长廊，为节假日礼拜的人提供一条地下通道。极远寺古地道，位于寺的东半部，连接圣寺前庭院和圣寺南墙的双道门。该地道古代通南边的伍麦叶王宫，现封闭不开放。大金门建于伍麦叶时代，有两个拱顶大厅，一个通向圣寺的仁慈大门，一个通向忏悔大门。大学者安萨里（1058～1111 年）任极远寺伊玛目期间，曾住在门楼上，完成了巨著《信仰的科学》。

贾玛清真寺 （印度）

伊斯兰教的发源地在阿拉伯，后来传入印度，成为印度的主要宗教之一。位于旧德里东北角的贾玛清真寺，是全印度最大的清真寺（"贾玛"的意思是"大"），也是目前世界上最大的清真寺。

贾玛清真寺由夏杰罕帝王组织庞大的工匠群建成，1650 年动工，5000 多名工人前后共建了 6 年时间，耗资 100 万卢比。这座清真寺高大而庄严，建筑在一座岩石小山的高台上，距离地面大约有 9 米，远远望去，3 座弧形突起的白色圆顶和两支高耸的尖塔，在蓝天白云的衬托之下，雄伟壮丽。它有 3 个大门可以通向寺的主体，其中最大的是东面的大门，它专供帝王进出。寺顶部有 3 座白色大理石穹形圆顶，上面点缀着镀金圆钉和黑色大理石条带，在蓝天下显得分外皎洁。南北两支高耸的尖塔名宣礼塔，用红色沙石和白色大理石交错砌成，塔内有 130 级台阶，游人可登上塔顶，观看旧德里的闹市景观。

贾玛清真寺被称为"建筑奇迹"，全寺没有使用木料，地面、墙壁、顶棚都采用了精工细雕的白石，用铅灌封，十分坚固。寺院所用的石料选材极为严格，颜色配搭很讲究，在通体洁白的大理石之中，又杂以黑大理石条纹，黑白相间，优美醒目。清真寺四周是红色砂岩墙，更衬托出它的宏伟。

寺内正殿坐西向东，正中有一块洁白的大理石板，上面用黑色大理石镶嵌上"麦加"（伊斯兰教的胜地，在沙特阿拉伯境内）两字，黑白分明，分外肃穆。德里曾是穆斯林聚居的城市，1947 年印巴分治后，大批穆斯林迁往巴基斯坦，但在德里还拥有大批穆斯林，贾玛清真寺是他们做礼拜的场所，每天有大批穆斯林来到这里念诵《古兰经》。1857年民族大起义时，英国殖民军对起义的德里人民进行报复，曾封闭大清真寺达 5 年之久，甚至扬言要炸毁它，当德里人民交付 20 万卢比后，才得以回到穆斯林手中。

每到礼拜日，特别是伊斯兰教的重大节日，穆斯林从四面八方来到这里朝拜，把清真寺门前挤得水泄不通，数以千计的头戴白色帽子的教徒，排列整齐，跪在地上虔诚祈祷，一望无际，蔚为壮观。

贾玛清真寺

麦地那先知寺 *(沙特)*

麦地那先知寺，伊斯兰教第二大圣寺，又称麦地那清真寺，坐落在沙特阿拉伯麦地那的白尼·纳加尔区。622年9月，伊斯兰教先知穆罕默德率众从麦加迁往麦地那后修建，是继库巴清真寺后修建的第二座清真寺。该寺早期规模较小，建筑简陋，为一空旷大院，用石块铺地，用土坯砌成围墙，礼拜殿用枣椰树干作梁柱，用椰枣树枝和泥巴盖顶。寺长约52.5米，宽45米。寺内无装饰，夜间礼拜时用秸秆点燃照明，后安装油灯。该寺在623年7月前以北部耶路撒冷为礼拜朝向，后改麦加为朝向。先知寺在当时是传教、进行宗教活动和商讨重要事宜的中心。穆斯林在此礼拜，由穆罕默德担任伊玛目（是对领导者的尊称），穆斯林也在此聆听启示的《古兰经》经文和教诲。

在伊斯兰教初期，各地修建清真寺，大多以此为典范。穆罕默德逝世时，先知寺面积已达2475平方米。后经哈里发（意继位人）欧麦尔、奥斯曼等相继扩建，规模逐渐扩大。伍麦叶王朝哈里发瓦利德进行了全面重建，修建了礼拜殿及附属设施，扩大了寺院面积，并把圣女法蒂玛的故居遗址并入寺内。783年阿拔斯王朝第三任哈里发马赫迪（775～785年在位）及1256年塞尔柱王朝素丹扎西尔先后进行了大规模扩建。1589年奥斯曼帝国素丹穆拉德三世又进行了修茸并增设了大理石讲台。

如今该寺建筑富丽堂皇，为奥斯曼帝国素丹阿卜杜勒·麦吉德一世于1848～1860年主持重建，总面积达1.0303万平方米。1955年，沙特

麦地那先知寺

阿拉伯政府耗资 5500 万沙币里亚尔进行了大规模全面扩建,全寺总面积扩大为 1.6326 万平方米。该寺有 5 道门和 5 座宣礼塔,其中两座尖塔高达 70 米。豪华宽大的礼拜殿内,有精致的凹壁(米哈拉布)。殿内顶每隔 3 米有一盏水晶玻璃吊灯。在寺的东南隅有一块有黄铜栏杆隔开的地方,是穆罕默德的陵墓。圣墓北侧为哈里发艾布·伯克尔和欧麦尔的陵墓,圣女法蒂玛的坟墓也在寺内。每年世界各地穆斯林凡到麦加朝觐者,有的也来此祈祷和礼拜,瞻仰先知寺和圣墓。

麦加大清真寺（沙特）

麦加大清真寺，是世界著名的清真大寺，伊斯兰教第一大圣寺，世界各国穆斯林向往的地方和去麦加朝觐礼拜的圣地。据《古兰经》经文启示，在此禁止凶杀、抢劫、械斗，故又称禁寺。

此寺位于沙特阿拉伯麦加城中心，规模宏伟，经几个世纪以来的扩建和修葺，特别是沙特时代的扩建，总面积已扩大到 18 万平方米，可容纳 50 万穆斯林同时作礼拜。禁寺有精雕细刻的 25 道大门和 7 座高 92 米的尖塔，还有 6 道小门，24 米高的围墙将门和尖塔连接起来，6 座塔分别耸立在 3 座主要大门的两侧，另一座塔则与直径为 35 米的圆顶毗邻。这 7 座塔环绕着圣寺，象征着一周的天数，巍峨高耸，是典型的伊斯兰风格。全寺围墙西北长 166 米，东南长近 170 米，东北长近 110 米，西南长约 111 米。禁寺的整个建筑、墙壁、圆顶、台阶、通道都是用洁白大理石铺砌，骄阳之下光彩夺目，气势磅礴。入夜，千百盏水银灯把禁寺照耀得如同白昼，显得格外庄严、肃穆。

圣殿克尔白在禁寺广场中央。克尔白是阿拉伯文音译，意思是"方形房屋"，圣殿又称天房（真主的房子）。圣殿采用麦加近郊山上的灰色岩石建成，殿高 14 米多，殿的四角依所朝方向分别称为伊拉克角、叙利亚角、也门角和黑色角。殿门为金制，位于东北角，高 3 米，宽 2 米，离地约 2 米。殿内以大理石铺地，3 根大柱支撑殿顶。圣殿自上而下终年用黑丝绸帷幔蒙罩，帷幔中腰和门帘上用金银线绣有《古兰经》

经文，帷幔每年更换一次，据说这一传统自伊斯兰创始以来已绵延
1300 多年。圣殿每年都要在回历 7 月和国历 12 月隆重地洗刷 2 次，洗
刷时，沙特国王也亲临参加，洗刷过的水由参加盛典的各国朝觐者收集
起来，盛在一些容器里，赠给知名官员。

圣殿外东南角 1.5 米高处的墙上，用银框镶嵌着一块长约 30 厘米
的陨石，即有名的玄石，呈褐色，略带微红，被穆斯林视为神物，相传
它还是易卜拉欣时的遗物。朝觐者过时针方向游转天房走过此石时，都
争先与之亲吻或举双手以示敬意。圣殿东面正对黑石处，有个 4 柱圆顶
小阁，围以方形铜栅栏，阁中有易卜拉欣建造天房时留下的脚印。

在麦加大清真寺内，有一眼古井，水深 24 米，清凉甘甜，穆斯林
视为圣水，相信泉里有福泽。朝觐者游转天房之后，必来饮此水，祈求
吉祥，返回去时还经常大瓶小罐的装上一些圣水带回家乡，当作珍贵的
礼物赠送给亲友。

麦加大清真寺，穆斯林的圣地。易卜拉欣是伊斯兰教中传说的人

麦加大清真寺

物，他被称为"安拉的至交"。传说，当时易卜拉欣的父亲及其族人都崇拜偶像，为了让他们转而信仰真主安拉，易卜拉欣请求真主显示使尸骨腐烂之物复活的神昭。真主让易卜拉欣捉来 4 只鸟，将他们一一肢解，然后分别放到 4 座山峰上去。真主要易卜拉欣大声呼唤，他大喊了几声，飞鸟的各部分便自动聚集起来恢复原形，鸟儿又在蓝天上展翅翱翔了。人们见了这一幕，心里虽然受到震动，可回到家里，却仍然供奉着偶像。易卜拉欣很着急，就跑到神庙里把那些玉雕、木刻、泥塑的偶像全部打翻捣烂。族人都气得发狂，把他捉起来，用粗绳五花大绑将他全身上下捆得严严实实，然后在广场燃起一堆熊熊大火，把易卜拉欣扔进火里，让他接受最严厉的惩罚。大火一下子就把绳索烧断了，而易卜拉欣却毫发未损，他从火堆里跳出来，继续宣扬着伊斯兰教的教义。人们惊呆了，终于跟随易卜拉欣虔诚地诵读着《古兰经》，信奉起真主安拉来。

　　"伊斯兰"意为"顺从"，而教徒"穆斯林"即为"顺从者"，随着信仰伊斯兰教的穆斯林不断增多，公元前 18 世纪，易卜拉欣和他的儿子伊斯梅尔监建了一座圣寺，以弘扬真主的法力和供人们朝觐礼拜，这就是伊斯兰教圣地——麦加大清真寺。

　　每年伊斯兰教历的十二月，世界各地虔诚的穆斯林都辛劳跋涉，千里迢迢来到麦加大清真寺朝圣，瞻仰真主真神和他们指点的圣地圣石。

萨赫莱清真寺（耶路撒冷）

伊斯兰教著名清真寺，坐落在耶路撒冷老城东部的伊斯兰教圣地内，在阿克萨清真寺以北 300 米处。阿拉伯语"萨赫莱"，意为"岩石"，故该寺亦称"岩石清真寺"。萨赫莱清真寺是 691～694 年由伍麦叶王朝哈里发阿卜杜勒·麦利克敕令建造的。

萨赫莱清真寺

萨赫莱清真寺结构严谨，造型美观，具有阿拉伯建筑艺术的优美特色。寺最外一层是八角形墙体，每面宽 20.5 米，高 9.5 米，全用石块砌成。主体部分的圆顶由分布在同一圆周上的 16 根柱子支撑，四角是 4 根大柱，所有柱子都用硬木呈拱形连接。圆顶外围用花瓷砖砌面，瓷砖面上横写有穆罕默德夜行时安拉所降示的《古兰经》经文。寺内装饰金碧辉煌，圆顶下陈放着一块蓝色岩石，形状不规则，南北长约 17.7 米，东西宽约 13.5 米，礼拜朝向的正面较低矮，最高处离地 1.5 米。岩石上印有一些近似脚趾的印痕，相传是阿拉伯人的先祖伊斯玛仪小时所留。岩石上还有许多镐凿的痕迹，据说是十字军东侵时所凿。石殿附近，有用巨石垒成的高大院墙，长 47.5 米，高 19.8 米，即天马墙，相传穆罕默德夜行时曾把天马停留于此。现今，这里已成伊斯兰圣地——阿拉伯墙的组成部分。12 世纪十字军东侵时，该寺改为基督教堂，被称为"上帝之殿"。1187 年萨拉丁收复耶路撒冷后，该寺得到全面修复。后由伊斯兰诸王朝多次修葺。

苏丹艾哈迈德清真寺（土耳其）

　　苏丹艾哈迈德清真寺是土耳其著名的清真寺，位于伊斯坦布尔，亦称蓝色清真寺、六塔寺。苏丹艾哈迈德清真寺始建于1609年，1616年建成，是奥斯曼帝国清真寺中最为巍峨壮观的建筑。修建这座六塔清真寺的建议是艾哈迈德一世亲自提出的，目的是使寺院在建筑规格的各个方面都超过阿亚索菲亚清真大寺。但是此建议一提出就遭到了众多伊斯兰学者的反对。他们认为，当时有6座尖塔的清真寺只有麦加的禁寺，其他地方的清真寺是不能与麦加相比的。于是艾哈迈德一世为此慨然投资为麦加禁寺建起了第七座尖塔，因而使自己的清真寺成为举世无双的有6座宣礼尖塔的清真寺。

　　苏丹艾哈迈德清真寺是由著名的伊斯兰教建筑师锡南的弟子穆罕默德·阿加主持建造的，是奥斯曼帝国时代建筑艺术的珍品。寺内大殿长72米，宽64米，可容纳3500人同时作礼拜。殿内4座巨大的大理石圆柱支撑着高43米，直径为22米的中央大圆穹顶。大穹顶四面各有一直径为5.5米的半圆穹顶，半穹顶外又有3个更小的半穹顶进一步将力传递到大殿外墙的柱墩上，使它的结构体系合理。在环院回廊上方也覆盖着一连串的小穹顶，衬托出大穹顶统领三军的气势。大穹顶和大殿侧面都开有窗户，共有260个，使殿内异常明亮。殿内地面铺满精美的紫红色的土耳其地毯，四壁镶有2万多块蓝色瓷砖拼成的各种图案：有爬在绿色花枝上的荷兰石竹、风信子、蓝色和柿红色的玫瑰；有白花钵中下

蓝色清真寺

垂的郁金香和麦穗；还有缠绕在格架上的灰色柏树枝和蔓藤叶子以及一串串葡萄。除了花卉，还有各种美丽的几何图案，在"米海拉布"上方用金字铭刻着《古兰经》经文。从穹顶和窗户射入的柔光，使这些用蓝色瓷砖拼成图案的大殿内充满柔和静谧的气氛，"蓝色清真寺"由此而得名。6座高耸入云的宣礼尖塔位于大寺的周围，均有纤细的圆锥形塔顶，还各有3节伸出墙外的环腰小阳台，既可供唤拜员宣礼，也可让游人凭览全城美景。

星期五清真寺（伊拉克）

星期五清真寺，又名大清真寺，是阿拉伯世界最大的清真寺之一，也是现存的哈里发时期最早的建筑遗址，位于伊拉克萨马拉市。

星期五大清真寺建于 848 年，由哈里发穆塔瓦吉勒建造。当时建筑面积为 3.6 万平方米，可供 1 万名教徒住宿。该寺在建筑上继承、借鉴了古波斯、古印度、古巴比伦的建筑传统和建筑艺术特色。整座寺院呈巨大的长方形，南北长 238 米，东西宽 155 米，四周围有高大厚重的砖墙，这道墙被认为是阿拉伯和穆斯林古老清真寺中最壮观的。沿着围墙共开有 13 个大门入口，门梁上的拱壁装饰有浮雕，有 25 道拱廊的主殿位于寺院的南面，其余三面各有一座较小殿堂。这些廊道都高达 9 米以上，用大理石柱支撑。4 座殿堂环绕着一个宽大的中心庭院，院中央有装饰华丽的喷泉，为空心砖建造，其形状设计完全严格仿照麦地那清真寺。在主殿正面墙上设有米海拉布的凹壁，各殿的长方形窗户上有繁叶装饰的弓架结构。

宣礼塔位于寺院外北端 27 米。正对着主殿正面的墙壁，是一座高达 52 米的巨大的螺旋塔，围绕塔身有 2 米宽的螺旋形阶梯，可通往塔顶端的圆柱形小屋。小屋直径 6 米，顶高 6～7 米，内有 8 个拱形装饰物。从塔南面按逆时针方向攀梯而上，绕塔 5 圈后就可到达塔顶小屋。整座塔体造型显得古朴单纯、稳重而有向上的动势，十分雄浑有力。登塔眺望，金碧辉煌的清真寺及萨马拉全城美景尽收眼底。

吴哥寺（柬埔寨）

吴哥寺又称吴哥窟，位于柬埔寨西北方。原始的名字是 Vrah Vish-nulok，意思为"毗湿奴神殿"。中国古籍称为"桑香佛舍"。它是吴哥古迹中保存得最完好的庙宇，以建筑宏伟与浮雕细致闻名于世，也是世界上最大的庙宇。

1992 年，根据文化遗产遴选标准 C（Ⅰ）（Ⅲ）（Ⅳ），联合国将吴哥古迹列入世界文化遗产，此后吴哥寺成为柬埔寨旅游胜地。100 多年来，世界各国投入大量资金在吴哥寺的维护工程上，以保护这份世界文化遗产。吴哥寺的造型，已经成为柬埔寨国家的标志，展现在柬埔寨的国旗上。

12 世纪中叶，真腊国王苏耶跋摩二世定都吴哥。苏耶跋摩二世信奉毗湿奴，为国王加冕的婆罗门主祭司——地婆诃罗为国王设计了这座国庙，供奉毗湿奴，名之为"毗湿奴神殿"。元成宗铁穆尔在元贞二年（1296 年），派遣周达观出使真腊。使团取海路从温州开洋，经七洲洋（西沙群岛海面）、占城、真蒲、查南、半路村、佛村（菩提萨州），横渡淡洋（今洞里萨湖）至吴哥国登岸。周达观和他的使团驻吴哥一年。回国后周达观写了关于真腊风土民情的报告《真腊风土记》。《真腊风土记》称吴哥寺为"鲁班墓"，又说国王死后，有塔埋葬，可见吴哥寺乃皇陵。元代航海家汪大渊在 1330～1339 年间曾游历吴哥，他称吴哥窟为"桑香佛舍"，这表明在 14 世纪中叶，吴哥窟已经改为佛寺。汪大渊

残存的吴哥窟

还报告吴哥窟有"裹金石桥四十余丈"，十分华丽，有"富贵真腊"之语。永乐元年（1403年），明成祖派遣尹绶出使真腊。尹绶从广州出发从海道经占城，过淡水湖（今洞里萨湖）、菩提萨州，经吴哥窟抵达真腊。尹绶回国后将真腊国的山川、地理和吴哥都城所见，绘画成图上呈。明成祖大喜。吴哥寺在14世纪中叶成为大乘佛教寺，因13世纪时真腊国王阇耶跋摩七世奉大乘佛教为国教。15世纪初叶暹罗入侵吴哥之后，因暹罗人信奉上座部小乘佛教，吴哥寺变为上座部佛寺。此后吴哥寺一直是上座部小乘佛寺，延续至今。

暹罗破真腊国都吴哥，真腊迁都金边，次年，吴哥窟被高棉人遗弃，森林逐渐覆盖漫无人烟的吴哥。后来有些高棉人猎户进入森林打猎，无意中发现宏伟的庙宇，也有一些当地的佛教徒在庙旁边搭盖屋寮居住，以便到庙宇中朝拜，但吴哥遗迹多不为世人所知。1586年，方济各会修士和旅行家安东尼奥·达·马格达连那游历吴哥，并向葡萄牙历史学家蒂欧格·都·科托报告其游历吴哥的见闻："城为方形，有环绕四门的护城河……建筑之独特无与伦比，其超绝非凡，笔墨难以形容。"但达·马格达连那的报告，被世人视为天外奇谈，一笑置之。1857年，驻马德望的法国传教士夏尔·艾米尔·布意孚神父（1823～1913年）著《1848～1856印度支那旅行记，安南与柬埔寨》，报告吴哥状况，但未引人注意。1861年1月，法国生物学家亨利·穆奥为寻找热带动物，无意中在原始森林中发现宏伟惊人的古庙遗迹，并著书《暹罗柬埔寨老挝诸王国旅行记》，大肆渲染，他说"此地庙宇之宏伟，远胜古希腊、罗马遗留给我们的一切，走出森森吴哥庙宇，重返人间，刹那间犹如从灿烂的文明堕入蛮荒"，这才使世人对吴哥刮目相看。法国摄影师艾米尔·基瑟尔是世界上最早拍摄吴哥窟照片的摄影师。1866 年他发表的吴哥窟照片使人们可以目睹吴哥窟的雄伟风采。1907 年，暹罗将暹粒、马德望等省份归还柬埔寨。1908 年起，法国远东学院开始对包括吴哥窟在内的大批吴哥古迹进行为期数十年的精心细致的修复工程。

吴哥窟的 190 米宽的护城河，如一道屏障，因此吴哥窟比其他吴哥古迹，保存得最完整，但仍然杂树丛生，有些树根深植入部分建筑物的红壤砖缝隙，逐渐将缝隙扩大，最后将红壤砖推落，使建筑物坍塌。

修复工程包括几个方面的工作：清除杂草、树林、积土、白蚁，稳定地基，支撑摇摇欲坠的建筑物，然后运用考古学家在希腊雅典和印度尼西亚爪哇等地古迹重建工作中发展起来的分析重建术，运用在吴哥古迹的重建上。清理吴哥窟的工程在 1911 年完成。20 世纪 30 年代，开始用分析重建术复原吴哥窟。分析重建法要求必须用遗址的原来材料，按原来的古代的建造方法复原遗址，只有在原物无存的情况下才允许适当使用代替物。这项工作到了 20 世纪 60 年代曾因柬埔寨政局动荡而停顿，于 1990 年代重新展开。

吴哥窟的整体布局，从空中可以一目了然：一道明亮如镜的长方形护城河围绕着一个长方形的郁郁葱葱树木的绿洲，绿洲有一道寺庙围墙环绕。绿洲正中的建筑乃是吴哥寺的印度教式的须弥山金字坛。吴哥寺坐东朝西。一道由正西往正东的长堤直通寺庙围墙西大门。过西大门，又一条较长的道路，穿过翠绿的草地，直达寺庙的东大门。在金字塔式的寺庙的最高层，可见矗立着 5 座宝塔，如骰子五点梅花，其中 4 个宝塔较小，排四隅，一个大宝塔巍然矗立正中，与印度金刚宝座式塔布局相似，但五塔的间距宽阔，宝塔与宝塔之间连接游廊，此外，须弥山金刚坛的每一层都有回廊环绕，乃是吴哥窟建筑的特色。

吴哥寺的护城河呈长方形如口字，东西方向长 1500 米，南北方向长 1350 米，全长 5700 米；河面宽 190 米。护城河外岸有砂岩矮围栏围绕。护城河上正西、正东各有一堤通吴哥窟西门、东门。东堤是一道土堤。西堤长 200 米，宽 12 米，上铺砂岩板，古时西堤是裹金的。护城河内岸留开一道 30 米宽的空地，围绕吴哥寺的红土石长方围墙，围墙东西方向长 1025 米，南北方向阔 802 米，高 4.5 米。围墙正面中段是 230 米长的柱廊，中间树立 3 座塔门。正中的一座塔门，是吴哥寺的山门，它和左右两塔门有二重檐双排石柱画廊连通。画廊外侧（西侧）石柱顶部的天花板，装饰着莲花和玫瑰花图案。各塔门都有纵通道、横通道，交叉成十字形，纵通道以出入寺院，横通道以游览画廊。此三座塔门的纵通道特别宽阔，可容大象通过，又名象门。3 座塔门的顶部塔冠，虽已残缺不全，但正中的一座，恰好比左右两座高些，仍然像一个山字形，多少保留着原来比例，和吴哥寺顶层正面看的 3 座宝塔相呼应。围墙的其他三面的塔门，较小和简单，而且只有小径可通，很少人去。南塔门之下供奉一尊毗湿奴雕像。苏耶跋摩二世在位时，这尊毗湿奴像原本是供奉在吴哥寺顶层神庵内，在吴哥寺改宗佛教后，由顶层神庵请来此地守护。画廊内侧（东侧）是石壁，间以葫芦棂窗。画廊壁朝西的一面饰以舞女浮雕；画廊壁朝东的一面，装饰着跳舞或骑兽武士和飞天女神。门南的一尊飞天女神浮雕，是寺庙内独一无二露齿微笑的飞天女神。由围墙包围的寺庙大广场，占地面积 82 公顷。除去位居中央的寺庙，这一片广场是古代城市和王宫的遗址，王宫遗址在寺北。如今古城和古王宫都荡然无存，满地被森林覆盖，只遗留下一些街道的轮廓。由寺庙围墙西塔门通寺庙西山门的大路，宽 9.5 米，长约 350 米，高出地面 1.5 米，路面用砂岩石片铺砌；石路左右两边排列着 7 头眼镜蛇保护神。路南、北各有一座名为藏经阁的建筑物，其每个基点上都有出入口。往东，路北，在藏经阁和寺庙之间，有一片荷塘，绽放各色荷花；路南对称位置的水塘，则是清水一泓。路段尽头是一条通往吴哥寺庙山门的十字阳台，称为王台。王台左右有狮子守护。水塘和王台都是后人添加的。

十字王台尽头是吴哥寺的中心建筑群。它基本是由大、中、小3个以长方形回廊为周边的须弥座，依外大内小、下大上小的次序堆叠而成的3个围囿，中心矗立5座宝塔为顶点，象征须弥山。美国学者艾丽娜·曼妮卡解释这三层回廊各代表国王、婆罗门和月亮、毗湿奴。各回廊的每个基点上建立廊门。上中两层的回廊，四隅设置塔门，每层塔门设4座宝塔，中央宝塔形成五点梅花图案。由于寺庙的朝西取向，因此上一层须弥座的位置，并非在下一层须弥座的正中，而是略略靠后偏东，为西边画廊留出更多空间；因为同样原故，西边的台阶不如东边台阶陡峭。第一层的须弥座由砂岩石垒成，高出地面约3米；须弥座之上，有高3米许的回廊，围绕吴哥寺如口字。回廊长方形，南北方向长190米，东西方向长220米。回廊四周，共有4座塔门和8座廊门，四隅各一座塔门，正西、正东各3座廊门，正北、正南各一座廊门。塔门和廊门有内、外二石阶，可通第一层内院、寺庙外院。回廊的内侧墙壁既是寺的外墙兼巨型画廊。回廊的外侧，有两排并列的方石柱，其中一排支撑画廊拱顶，另一排支撑半拱顶边廊。回廊的二重檐拱顶，覆盖陶瓦，保护画廊壁上的石雕，不受日晒雨淋。画廊的石壁，排列雕工精细的8幅巨型浮雕。每幅浮雕高2米余，长近百米，全长达700余米，绕寺一周。浮雕描绘印度两篇著名梵文史诗《罗摩衍那》、《摩诃婆罗多》中的故事和一些吴哥王朝的历史。从西北壁角按反时针方向，西画廊展示罗摩衍那中阿逾陀国王子罗摩击败罗刹魔王罗波那的场面，和摩诃婆罗多中佧拉婆族和班度族战争的故事。南画廊有几幅浮雕，和吴哥王朝历史有关，其中一幅描绘苏耶跋摩二世头戴王冠，在宝座上赤足盘腿而坐，左手向左指，右手靠着宝座扶手，左右侍从各二，手执长扇，为王扇风，身后还有宫女，手持巨型蜡烛，白日点燃。接下去是印度神话中32层地狱和37重天堂。东画廊描绘古印度神话普拉纳斯中一个著名的故事。西北和西南角廊的画面较小，多是描述罗摩衍那或黑天的故事。入第一层回廊西门，踏入一个名为"千佛阁"的田字阁，四周环绕回廊。田字阁被中央的十字游廊间隔为4个院落，其地面比十字游廊和回廊低约1米，原为水池，现不蓄水。田字阁的南北廊，宽约3米，外侧封闭，内侧立双排方柱。十字游廊由两道游廊交叉成十字形，每道游廊由中廊、左偏廊、右偏廊3部分组成，由4行方柱支撑。两行内方柱支撑中廊，两行外方柱支撑各自的偏廊。中廊宽约3米，高约4.5米，上半是墙壁，下半是方柱。石柱底部有飞天女浮雕，一些柱身和柱墙还残留深红色的涂漆，由此可窥见800多年前吴哥寺全盛时期的辉煌景象。主廊顶呈蛋尖拱形，以陶瓦盖顶。左右偏廊，各宽约2.5米，高约3米；游廊总宽度约8米。几世纪来，朝拜者曾在阁内留下许多佛像，不过大部分佛像现在已被挪走。阁内还有不少颂扬朝拜者善行的铭文，多数是高棉语，一些是缅甸语。田字画阁之外的院子，乃寺庙第一层围囿的内院，如反匚字形。在第一层围囿的西北角和西南角，各有一座藏经阁。田字阁的北廊、中廊和西廊各有石阶廊西通寺庙的第二层围囿。第二层台基又高出第一层台基5.5米，四周也有长方形回廊，东西方向长约115米，南北方向宽约100米。回廊没有石柱，也没有偏廊。两壁分布竖葫芦棂窗，间以天神浮雕。回廊共有10座廊门，四隅各一，东南北各一，西边3座。每座廊门有内外二石阶，下通第一围囿内院，内通第二围囿内院。西边的3座廊门，通第一围囿的田字阁。第二层回廊四角的塔门，顶部各矗立一座宝塔。因年久失修，4座宝塔的顶部大半缺损，9层宝塔只剩二三层。第二围囿内院的西南、西北隅各有一座小型的藏经阁。两座藏经阁之间由一个十字形阳台的南北道相连，阳台的东西道连接第二层回廊的西门和第三层回廊的西门。这个十字阳台也是后人添加的。寺庙的第三层台基，即最内和最高层台基，称为巴甘，正方形，形如金字塔，但由两段叠成，巍然拔地而起12米，比一二层台基高1倍。台基四周有12道台阶，东南西北每边各3道，12道台阶都十分陡峭,必须手脚并用,匍匐攀登,象征登天之艰辛。台阶之上的田字形重檐画廊,60米见方,上立5座宝塔,四隅各一塔门,正中矗立一座42米高的大主塔,塔顶离地65米,主塔比4个角塔高大;5座宝塔排成五点梅花式。每塔内设神龛。主塔的神龛,最初四通,中供毗湿奴一尊,在改奉上座部佛教后,中供佛像,三面用佛像壁围拢。各塔门之间,塔门与主塔之间,由田字画廊相连。田字画廊由回廊和十字游廊组成,回廊分主廊和偏廊两部分,主廊靠外的墙壁分布着竖葫芦棂窗,在正东、正西、正南、正北4个基点则分布长方形无栏窗。主廊的内侧为立柱排,主廊上有高5米的拱顶,偏廊内侧排列立柱,半拱顶高3米。十字游廊有一走廊,二偏廊,一拱顶,二半拱顶,左右各二排方石柱。田字廊的拱顶和半拱顶上铺陶瓦。画廊顶部的天花板刻狮头蛇像,画廊和神龛入口有布满雕饰的门楣和三角墙。回廊东南西北四边的正中各有廊门,每廊门有台阶下通第二层;回廊四隅的塔门,各有二道台阶下通第二层。

吴哥寺的圆雕并不出色。台基上的圆雕神像沉重而呆板,但浮雕却极为精致且富有真实感。在回廊的内壁及廊柱、石墙、基石、窗楣、栏干之上,都有浮雕。内容主要是有关印度教大神毗湿奴的传说,取材于印度史诗《摩诃婆罗多》和《罗摩衍那》及印度教神话《乳海》,也有战争、皇家出行、烹饪、工艺、农业活动等世俗情景,装饰图案则以动植物为主题。其中围绕主殿第一层台基的回廊被称为"浮雕回廊",长达800米,墙高2米余,壁面满布浮雕。东壁的搅乳海图,北壁的毗湿奴与天魔交战图,西壁的猴神助罗摩作战图等,均描绘神话故事;而南壁西半部的苏利耶跋摩二世骑象出征图则为世俗题材。这些浮雕手法娴熟,场面复杂,人物姿态生动,形象逼真,且已采用重叠的层次来显示深远的空间,堪称世界艺术史中的杰作。从里边向外望,赫然发现,墙上有许多婀娜多姿的人像浮雕,据说是象征仙女下凡,以千年前的雕刻技术来说,竟然能把仙女刻画得如此活灵活现,而且每一尊的表情、面貌、衣着完全不同，真可说是鬼斧神工之作。这一群手足舞蹈的美丽仙女叫作阿帕莎拉，又被喻为是东方的蒙娜丽莎，相传是由浪花所变成的。宏伟的吴哥寺正因为有了这群俏丽的仙女环绕，而整个鲜活了起来。

除了墙外的仙女引人注目，走在神庙里，处处可见精美细腻的刻画，有时是在柱子上，有时是在墙角上。有凸出的，也有凹入的，甚至是两者交替的作品也都不难发现。就连走廊上的窗子，也是以小石柱作栅栏，当阳光透过窗子洒入长廊，更融合出一种人文与自然交错的美感。

吴哥文明的建筑之精美令人望之兴叹，然而却在 15 世纪初突然人去城空。在此后的几个世纪里，吴哥地区又变成了树木和杂草丛生的林莽与荒原，只有这座曾经辉煌的古城隐藏在其中。